AI와 휴먼 인사이트

AI문고

인공지능 시대입니다. 기계가 인간의 인지를 대신하고, 사물이 인간을 통하지 않고 다른 사물과 직접 커뮤니케이션합니다. 이에 따른 인간 삶과 문명 변화를 정확히 이해·예측·대응하는 것은 이 시대 우리 모두의 과제입니다. AI문고는 인공지능 기술과 환경의 여러 주제를 10가지 키워드로 정리합니다. 관련 개념과 이론, 학계와 산업계의 쟁점, 우리 일상의 변화를 다룹니다. 인간과 기술의 현재, 미래를 세심히 분석합니다.

일러두기

- 인명, 작품명, 저서명, 개념어 등은 한글과 함께 괄호 안에 해당 국가의 원어를 병기했습니다.
- 외래어 표기는 현행 어문규정의 외래어표기법을 따랐습니다.

처음이세요?

전문가세요?

AI와 휴먼 인사이트

한국생성형AI연구원

대한민국, 서울, 커뮤니케이션북스, 2025

AI와 휴먼 인사이트

지은이 한국생성형AI연구원
펴낸이 박영률

초판 1쇄 펴낸날 2025년 7월 1일

커뮤니케이션북스(주)
출판 등록 2007년 8월 17일 제313-2007-000166호
02880 서울시 성북구 성북로 5-11
전화(02) 7474 001, 팩스(02) 736 5047
commbooks@commbooks.com
www.commbooks.com

ISBN 979-11-430-0395-9 03500

책값은 뒤표지에 표시되어 있습니다.

차례

AI 시대, 다시 인간을 묻다

기계 같은 인간, 인간 같은 기계

우리는 지금, 인간이 점점 기계처럼 사고하고 행동하며, 기계는 점점 인간을 닮아 가는 전례 없는 시대를 살고 있다. 효율성과 생산성, 자동화를 기준으로 움직이는 사회 속에서 인간은 점차 감정과 여유, 관계의 중요성을 뒤로 미루고 있다. 일상에서 감정 노동이 표준화되고, 알고리즘에 따라 선택하고 판단하는 삶은 인간을 점점 '기계적인 존재'로 만든다(요아힘 바우어, 2024). 반면 인공지능은 자연어 처리, 감정 분석, 예술 창작 등을 통해 인간의 언어를 이해하고 감정을 모방하며, 점점 더 인간적인 모습을 갖춰 가고 있다(Suzuki, 2020).

인간과 기계가 서로를 닮아 가는 이 흐름은 단순한 기술 진보를 넘어 '인간다움'과 '기계다움'의 정의 자체를 흔들고 있다. '인간의 기계화'와 '기계의 인간화'는 우리가 당연하게 여겼던 존재의 구분을 무너뜨리고 있으며(Lee & Park, 2021), 이 변화는 인간 정체성과 윤리, 사회 구조에 중대한 질문을 던진다.

바로 “인간과 기계의 경계선은 어디인가?”라는 질문이다. 기술의 발전으로 기계가 점점 더 인간처럼 보이고 행동하게 되면서, 전통적으로 분리되어 있던 인간과 기계 사이의 경계가 모호해지고 있기 때문이다(Zhang & Yang, 2022). 그러나 기계는 여전히 계산과 데이터 처리에 특화된 도구지만, 인간은 감성, 직관, 윤리적 판단 등 질적인 영역에서 독보적인 역할을 한다. 이에 두 영역 사이의 경계는 재정의되어야 하며, 우리의 사회와 문화가 이 경계에서 어떤 균형을 찾아갈지 중요하게 다루어야 할 때다.

또 “AI의 발전은 인간의 정의를 바꿀 수 있는가?”라는 질문이다. AI가 단순히 작업을 대체하는 수준을 넘어, 인간의 사고와 창의성까지 모방하는 시대에 우리는 “인간이란 무엇인가?”라는 근본적 질문을 다시 던져야 한다. 기술이 발전하면서 인간의 역할과 정체성이 재조명되고, 이전에 우리가 당연하게 여겼던 인간적 특성들이 새로운 시각에서 재정의될 필요가 있다는 의미다(유발 하라리, 2024; Barrat, 2023).

마지막으로, AI가 인간 정체성에 던지는 질문들이다. 기계가 인간의 감정과 창의성을 흉내 내는 상황에서 우리는 진정으로 인간만이 지닌 고유한 특성이 무엇인지,

그리고 왜 그것이 소중한지 다시 한번 깊이 성찰해야만 한다. AI는 인간이 가진 복잡한 감정, 메타인지 능력, 그리고 윤리적 판단과는 본질적으로 다른 방식으로 작동한다(Rakowski et al., 2021). 이러한 차이는 우리가 기술 발전 속에서도 인간다운 가치를 잃지 않고, 오히려 그 가치를 재확인하는 계기가 되어야 함을 시사한다.

인간과 기계의 경계를 묻는 이러한 과정은 단순한 기술 논쟁을 넘어, 우리 자신과 사회 전체의 정체성을 다시 설계하는 중요한 성찰의 여정이 될 것이다. 우리가 앞으로 나아갈 미래는 인간 고유의 힘과 기계적 효율성이 조화를 이루며 서로를 보완하는 새로운 패러다임 속에서 만들어질 것이다(Russell, 2019).

이러한 흐름 속에서 우리는 다시금 물어야 한다. 인간이란 무엇인가, 그리고 인간다움이란 과연 어디서 비롯되는가.

왜 다시 인간을 물어야 하는가?

우리는 AI 시대에 인간의 존재와 정체성을 재조명하는 이유와 '기계와 같은 인간' 혹은 '인간 같은 기계' 사이에서 우리가 잃어버리지 말아야 할 고유한 인간적 가치에 대한 고민을 항상 하고 있어야 한다.

그것은 우리가 인공지능이 빠르게 발전하는 시대에 살고 있기 때문이다. 기계가 더욱 정교하게 데이터를 처리하고, 예술 작품을 창조하며, 심지어 우리의 일상적 언어조차 흉내 내는 모습을 보면서 한 가지 질문을 피할 수 없다. 바로 "인간이란 무엇인가?"다.

왜 다시 인간에 관해 물어야 하는가? 이는 단순히 기술의 발전을 따라잡기 위한 문제가 아니라, 기계와의 경계가 모호해지는 순간에도 여전히 우리 인간에게 특별한 의미와 가치를 부여하는 근본적인 물음이기 때문이다.

기계가 우리의 일상 곳곳에 깊숙이 자리 잡으면서, 우리는 과거의 인간다움(감정, 창의성, 공감, 윤리적 판단 등)이 왜 지금 더 중요한지를 재인식하게 된다. AI가 정보를 재구성하고 문제를 해결하는 능력은 놀랍지만, 그러한 능력이 우리 인간 고유의 깊은 내면, 즉 인간만이 지닐 수 있는 감정과 도덕적 직관, 그리고 창조적 상상력을 대신할 수는 없다(Xu & Sar, 2018).

이 책은 인공지능 시대에 왜 다시 인간을 묻고, '인간다움'에 대해 성찰해야 하는지를 다양한 사례와 철학적 고찰을 통해 탐구한다. 기계가 인간의 역할을 대체하는 것이 아닌, 오히려 인간 고유의 힘을 강화하고 서로 보완하며 새로운 미래를 함께 만들어 가는 길을 모색하는 데에 목적이 있다. 우리는 기술 발전 속에서도 인간이라는 존재가 가진 근본적인 가치를 재발견하고(Jarrahi, 2018), 이를 바탕으로 더 나은 사회와 미래를 구축해야 한다.

이 물음은 단순한 철학적 사색에 머무르지 않는다. 그것은 우리의 정체성과 존재 이유, 그리고 우리가 앞으로 어떤 역할을 해야 할지에 대한 깊은 고민을 촉구한다. AI 시대, 그 어느 때보다도 인간의 내면과 본질이 중요해지는 이유를 이 책을 통해 함께 고민해 보길 바란다.

그래서 이 책의 서문은 AI 시대에 우리가 왜 '인간'이라는 존재를 다시 묻고 성찰해야 하는지를 명확하게 드러내며, 독자들에게 인간다움의 중요성을 되새기도록 독려한다. 필요에 따라 추가적인 구체적 사례나 철학적 논의를 덧붙여 더욱 풍부한 내용을 구성한다.

AI 시대, 인간 존재의 의미와 역할

우리는 지금 인공지능의 폭발적 발전과 함께 새로운 시대의 문턱에 서 있다. AI 기술이 일상 깊숙이 스며들며 무한한 가능성을 열어 주는 동시에, 인간 존재의 의미와 역할에 대한 근본적인 질문을 다시 던지게 한다(Andrejkovics, 2020). 이 책은 단순히 AI 기술의 발전 양상이나 경제적 효과를 다루는 것을 넘어, 기계의 시대에 인간다움을 어떻게 유지하고 강화할 수 있을지, 그리고 인간 고유의 가치와 역할은 무엇인지에 대해 성찰하고자 한다.

AI는 방대한 데이터를 분석하고 복잡한 문제를 해결하는 데 탁월한 능력을 지닌다. 그러나 동시에 AI가 재현할 수 없는 인간만의 고유한 특성은 여전히 우리의 본질을 이루는 핵심이다(Peeters et al., 2021). 기계가 정보를 빠르고 정밀하게 처리할 수 있을지라도, 인간은 단순한 계산 이상의 존재다(노성문, 2025). 인간은 "왜 존재하는가?"라는 질문을 던지고, 그 물음에 대한 철학적·도덕적 고민을 통해 자기 자신과 사회를 끊임없이 재정의해 왔다.

이러한 변화의 시대에 우리는 인간 존재의 의미와 역할을 다시 조명해야 한다. AI가 많은 작업을 대신 수행하고, 인간의 사고마저 모방하는 지금, 인간만의 감정과 공감, 창의적 상상력은 그 어느 때보다 소중해졌다(김기진 외, 2025). 오히려 기계의 효율성과 자동화된 판단력이 강조될수록, 인간은 자신의 내면을 성찰하고, 윤리적 선택과 가치판단을 통해 자신의 존재 이유를 더욱 선명히 해야 할 때다(Malone, 2018).

그래서 이 책은 인간과 AI가 단순히 경쟁하는 관계를

넘어 서로 보완하며 공존할 가능성을 모색해 준다. AI가 처리할 수 없는 미묘한 정서와 도덕적 판단, 그리고 인간 특유의 창조적 에너지는 미래 사회에서 인간의 역할을 재정의하고, 나아가 우리 사회의 지속 가능한 발전을 위한 중요한 원동력이 될 것이기 때문이다. 이러한 관점에서 기술 발전은 인간을 대체하는 것이 아니라 오히려 인간의 고유한 능력을 한층 더 부각시켜 주는 기회로 작용할 수 있다(Rai et al., 2019).

특히 이 책은 AI 시대에 인간이 어떤 존재로 남아야 하며, 어떠한 역할을 해야 하는지를 다양한 사례와 철학적 고찰, 그리고 실제 사회 변화의 흐름 속에서 재조명했다. 우리가 살아가는 이 시대는 기술의 발전이 곧 인간에 대한 재정의로 이어지는 전환점이기도 하다. 지금 이 순간에도 인공지능이 우리 주변에서 혁신을 이끌고 있지만, 그 속에서 인간만이 지닐 수 있는 본질적 가치는 결코 희석될 수 없다(Mu, 2021).

우리가 이 책을 통해 AI 시대 속에서 인간 존재의 의미와 역할을 깊이 성찰하고, 우리가 모두 앞으로 나아가야 할 방향에 대해 함께 고민하는 계기가 되었으면 한다. 그래서 이 서문(序文)은 기술과 인간, 기계와 감성 사이의 미묘한 경계를 넘나들며, 우리 내면에 자리한 진정한 인간다움의 의미를 되새기는 출발점이 될 것이다.

인간과 AI가 함께 만들어 갈 새로운 미래상

우리 사회는 인공지능의 눈부신 발전과 함께 전례 없는 변혁의 시기를 맞이하고 있다. 이제 AI는 단순한 도구를 넘어 인간의 동반자로서, 일상과 사회 전반을 재구성하는 중요한 역할을 하고 있다(Shahghasemi, 2025). 이 책은 인간과 AI가 서로를 보완하며 조화를 이루어 나가는 과정을 통해 우리가 함께 만들어 갈 새로운 미래상을 조명한다.

AI는 고도의 정보 처리 능력과 정밀한 문제 해결 능력을 통해 인간의 한계를 넘어설 가능성을 제시한다(Lan, 2024). 반면 인간만이 지닌 창의성, 공감 능력, 윤리적 판단 등은 기계로는 대체할 수 없는 고유한 자산이다. 미래 사회는 이러한 두 지능이 상호 보완적으로 결합함으로써 '기술 혁신'과 '인간다움'이 공존하는 새로운 패러다임을 창출할 것이다. AI는 인간의 상상력과 아이디어를 구현하는 도구이자 복잡한 사회 · 경제적 문제에 대한 해법을 함께 모색하는 협력자가 될 수 있다(Russell, 2019).

이 책은 인간과 AI가 단순히 경쟁하는 관계가 아니라 서로의 강점을 연결해 지속 가능한 미래를 함께 설계해 나가는 모습을 다룬다. 우리가 지향해야 할 미래는 기술의 진보가 인간의 내면적 가치를 더욱 빛나게 하는 사회다(문호성, 2025; Kissinger et al., 2021). AI가 열어 주는 가능성과 도전은 우리가 인간으로서 지닌 역량과 잠재력을 다시금 발견하고, 공동의 문제에 대한 해답을 함께 모색하는 계기를 마련해 줄 것이다.

그래서 이 서문은 인간과 AI가 공존하며 서로의 잠재력을 극대화해 나가는 여정을 시작하는 초석이다. 이어지는 각 장에서는 기술과 인간이 어떻게 융합되어 삶의 다양한 영역을 변화시키고, 새로운 가치와 문화를 창출해 나가는지를 심도 있게 탐색할 것이다. 독자 여러분이 이 책을 통해 인간과 AI가 함께 그려 갈 미래의 청사진을 상상하며, 더욱 풍요롭고 창조적인 내일을 꿈꾸게 되기를 기대한다.

10가지 주제 선정 배경과 개요

AI가 우리의 일상과 사회 구조 전반을 빠르게 재편하는 시대, 우리는 기술 그 자체만이 아니라 그 속에서 인간이 누구이며 어떤 존재로 남아야 하는지를 함께 질문해야 한다. 이 책은 인간 고유의 능력인 '휴먼 인사이트'와 AI의 계산적 지능인 'AI 인텔리전스'가 어떻게 충돌하고,

또 어떻게 조화를 이룰 수 있는지를 10가지 주제를 통해 다층적으로 탐색한다. 다양한 영역에서 양자의 관계를 짚어 보며, 단순한 기술적 논의를 넘어 인간과 AI가 함께 만들어 갈 미래상에 기여하고자 한다. 이러한 이유로 인해 이 책에서는 AI 시대에 반드시 짚어야 할 10가지 주제를 선정하게 되었다.

제1장 인간 존재와 정체성의 재발견에서는 인간만이 가진 고유한 능력과 본질적인 존재 가치를 새롭게 조명하고, 기술 중심의 시대에서 인간이 갖는 고유성의 의미를 구체적으로 탐구한다. 이를 통해 급격한 기술의 변화와 발전 속에서도 인간이 자신의 정체성을 잃지 않고 유지해야 하는 근본적인 이유와 그 중요성을 명확하게 제시하고자 한다.

제2장에서는 첨단 기술이 일상에 깊숙이 스며들면서 인간과 기계 사이의 경계가 점차 희미해지는 현상을 분석한다. 인간은 효율성과 생산성을 강조하며 더욱 기계적인 삶을 살기 시작했고, 기계는 인간의 감정을 모방하기 시작했다. 더 나아가 인간의 생물학적 한계를, 과학 기술을 통해 초월하고자 하는 트랜스휴머니즘(Transhumanism)의 등장은 인간과 기계의 경계 설정을 더욱 어렵게 만들고 있다(Mcnamee & Edwards, 2006). 이러한 현상은 인

간 존재의 정의 자체에 근본적인 질문을 던지며, 앞으로 우리가 인간과 기계의 관계를 어떻게 바라봐야 하는지에 대해 철학적 성찰을 요구한다.

제3장에서는 공감과 감정이 왜 인간 고유의 영역인지 분석한다. 인간은 태어날 때부터 선천적으로 감정이 있으며, 이를 통해 타인의 감정과 행동을 이해하고, 사회적 관계를 형성하며 발전시켜 왔다. 감정과 공감은 인간의 의사소통과 공동체적 삶을 가능하게 하는 중요한 요소이다. 반면 AI는 감정을 학습하고 모방할 수는 있지만, 인간처럼 진정으로 감정을 경험하거나 공감하는 능력은 갖추고 있지 않다.

제4장에서는 예술에서 인간과 AI의 창의적 협력에 관하여 이야기한다. 창의성은 인간 존재의 본질과 깊게 연결된 능력으로, 예술은 그 능력을 대표하는 분야다. 이 장에서는 예술 영역에서 인간과 AI가 상호작용을 하며 만들어 내는 새로운 창작 방식과 표현의 패러다임이 어떻게 등장하고 있는지 조명한다.

제5장에서는 AI가 변화시키는 노동의 개념을 다각도로 살펴보며, 그에 따라 초래될 수 있는 인간 소외 문제를 중심으로 논의한다. 자동화와 알고리즘 기반 기술이 확산함에 따라 반복적이고 기계적인 업무는 빠르게 대

체하며 기존의 노동 환경에 급격한 변화를 불러왔다. 이러한 흐름 속에서 인간은 어떻게 노동의 주체로서 역할을 재정립하고, 인간 고유 역량을 바탕으로 새로운 가치를 창출할 수 있을지 탐색한다.

제6장 AI의 거울에서는 인간이 지닌 편향과 오류를 그대로 반영하는 AI의 속성을 조명한다. AI는 마치 거울처럼 인간 사회에 내재한 고정관념과 무의식적 차별을 드러내며, 우리가 미처 인식하지 못했던 구조적 문제를 비쳐 낸다. 이 장에서는 이러한 기술적 반영이 사회에 미치는 영향을 구체적으로 분석하고, 인간 사회가 직면한 윤리적 책임과 개선 방향에 대해 탐색한다.

제7장에서는 기술 발전이 일으키는 윤리적 쟁점과 그에 따른 인간의 책임을 조명한다. AI가 의료, 사법, 금융 등 다양한 분야의 의사 결정에 관여하면서, 그 결과에 대한 책임 소재가 모호해지는 현상이 나타나고 있다. 이 장에서는 이러한 윤리적 딜레마를 실제 사례를 통해 분석하고, 기술 활용에 앞서 인간이 설정해야 할 기준과 원칙, 그리고 그것이 사회적 신뢰 회복에 어떻게 기여할 수 있는지를 고찰한다.

제8장에서는 AI 기술의 발전이 국가, 세대, 계층 간의 격차를 더욱 심화시키고 있는 현실을 다룬다. 이 장에서

는 이러한 기술 격차가 사회 전반에 미치는 영향을 다각도로 분석하고, 이를 완화하기 위한 실질적 해법으로 AI 리터러시의 필요성을 제시한다. 나아가 인간 중심의 교육 체계와 포용적 정책 설계를 통해 이러한 격차를 어떻게 해소할 수 있을지 구체적인 방향을 탐색한다.

제9장 인간과 AI의 공존 조건에서는 기술이 사회 전반에 깊이 스며든 오늘날, 인간과 AI가 상호 보완적으로 공존하기 위한 핵심 전제들을 살펴본다. 이 장에서는 글로벌 협력을 통한 기술 규제의 필요성뿐만 아니라, 인간 중심의 가치가 반영된 지속 가능한 발전 모델을 제안한다. 아울러 인간과 AI의 협력이 만들어 낼 미래 산업과 경제 구조를 조망하며, '누구를 위한 AI인가'라는 본질적인 질문에 대한 성찰을 시도한다.

제10장에서는 AI 기술의 발전 속에서 새롭게 조명되는 인간 고유의 능력, '휴먼 인사이트'에 대해 성찰한다. AI가 연산, 예측, 분석 등에서 뛰어난 성능을 발휘할수록, 역설적으로 인간만이 지닌 공감, 직관, 창의성, 메타인지와 같은 능력은 더욱 핵심적인 가치로 부상하고 있다. 이 장에서는 휴먼 인사이트의 본질과 사회적 의미를 조망하며, 그것이 단순한 속성을 넘어 미래 사회가 요구하는 인간의 결정적 역량임을 논의한다. 궁극적으로, 기

술과 공존하는 시대에 '인간다움이란 무엇인가'를 다시금 묻는다.

이 책을 권하는 이유

독자 여러분께 이 책을 권하는 이유는 단순히 기술 변화에 대한 이해를 넘어, 인간으로서 우리가 어떤 존재인지, 그리고 앞으로 어떤 방향으로 나아가야 하는지를 함께 고민할 기회를 제공하기 위함이다. 인공지능이 주도하는 미래의 물결 속에서도, 인간 고유의 깊이와 가능성은 결코 잃어버릴 수 없는 소중한 자산이다. 이 책이 여러분 각자의 삶과 사회, 그리고 미래에 새로운 시각과 영감을 불어넣어 주기를 기대한다.

참고문헌

김기진 외(2025). 『AI 대전환 시대, Who am I : 인간의 정체성과 변화 적응』. 서울: 에릭스토리.

노성문(2025). 『AI 패권 시대: 인간과 기계의 공존 전략』. 서울: 해라빛출판사.

문호성(2025). 『포스트 AI 시대 잉여인간: AI가 모든 일을 대체하는 시대 우리의 경쟁력은 어디에서 찾을까?』. 서울: 모아북스.

요아힘 바우어(2024). 『현실 없는 현실: 인공지능의 시대, 새로운 불안』. 김희상 옮김. 서울: 복복서가.

유발 하라리(2024). 『넥서스: 석기시대부터 AI까지, 정보 네트워크로

보는 인류 역사』. 김명주 옮김. 서울: 김영사.

Andrejkovics, Z.(2020). *Together: AI and Human. On The Same Side*. Zoltan Andrejkovics.

Barrat, J.(2023). *Our final invention: Artificial intelligence and the end of the human era*. Hachette UK.

Jarrahi, M. H.(2018). Artificial intelligence and the future of work: Human-AI symbiosis in organizational decision making. *Business horizons*, 61(4), 577-586.

Kissinger, H. A., et al.(2021). *The age of AI: and our human future*. Hachette UK.

Lan, Y.(2024). Through tensions to identity-based motivations: Exploring teacher professional identity in Artificial Intelligence-enhanced teacher training. *Teaching and Teacher Education*, 151, 104736.

Lee, J., & Park, D. H.(2021). Are you a machine or human?: The effects of human-likeness on consumer anthropomorphism depending on construal level. *Journal of Intelligence and Information Systems*, 27(1), 129-149.

Malone, T. W.(2018). How human-computer'Superminds' are redefining the future of work. *MIT Sloan management review*, 59(4), 34-41.

Mcnamee, M. J., & Edwards, S. D.(2006). Transhumanism, medical technology and slippery slopes. *Journal of medical ethics*, 32(9), 513-518.

Mu, H.(2021). Artificial Intelligence and the Dilemma of Meaning of Life. In *International Conference on Applications and Techniques in Cyber Security and Intelligence* (pp. 617-621). Cham: Springer International Publishing.

Peeters, M. M., et al.(2021). Hybrid collective intelligence in a human–AI society. *AI & society*, 36, 217–238.

Rai, A., et al.(2019). Next generation digital platforms: Toward human–AI hybrids. *MIS quarterly*, 43(1), iii–ix.

Rakowski, R., et al.(2021). Ethical aspects of the impact of AI: the status of humans in the era of artificial intelligence. *Society*, 58(3), 196–203.

Romm, C.(2021). Putting the Person in PHOSITA: The Human's Obvious Role in the Artificial Intelligence Era. *BCL Rev.*, 62, 1413.

Russell, S.(2019). *Human compatible: AI and the problem of control.* Penguin Uk.

Shahghasemi, E.(2025). AI; A Human Future. *Journal of Cyberspace Studies*, 9(1), 145–173.

Suzuki, S.(2020). Redefining Humanity in the Era of AI–Technical Civilization. *Paragrana*, 29(1), 83–93.

Xu, X., & Sar, S.(2018). Do we see machines the same way as we see humans? a survey on mind perception of machines and human beings. In *2018 27th IEEE international symposium on robot and human interactive communication* (RO–MAN) (pp. 472–475). IEEE.

Zhang, A., & Yang, Q.(2022). To be human–like or machine–like? An empirical research on user trust in AI applications in service industry. In *2022 8th International Conference on Automation, Robotics and Applications* (ICARA) (pp. 9–15). IEEE.

01
인간 존재와 정체성의 재발견

AI 시대에도 인간은 의미를 만들고, 윤리적 책임을 지며, 창의적으로 사고하는 존재로서 여전히 특별하다. 인간 고유의 힘은 의미 생성 능력, 도덕적 판단, 맥락적 창의성에서 나타난다. AI는 도구일 뿐 인간의 본질을 구현할 수 없으며, 오히려 인간다움의 가치가 더 부각된다. 따라서 인간 고유 능력을 계발하고 보호하는 방향으로 나아가야 한다. AI 시대가 도래할수록 인간 중심의 접근이 우리에게 필요한 과제다.

AI와 1인 창업?

인간은 여전히 특별한 존재인가?

4차 산업혁명과 함께 인공지능(AI)은 인간의 삶 전반에 깊숙이 침투하고 있다. 생성형 AI는 언어, 이미지, 음악, 코드까지 스스로 생산하며 인간 고유의 능력으로 여겨졌던 영역을 빠르게 점유하고 있다. 또한, 유튜브 · 넷플릭스 · 쿠팡은 우리가 뭘 좋아하는지 예측하고 서비스나 상품을 추천하여 인간의 생각과 행동에도 영향을 미치고 있다. 이 같은 기술 발전 속에서 인간 존재의 고유성과 특별함에 대한 질문은 더욱 절실해지고 있다. 과연 인간은 여전히 특별한 존재인가?

인간의 특별함은 단순한 정보 처리 능력이나 정확성에 있는 것이 아니다. 인간은 의미를 해석하고, 타자와 공감하며, 윤리적 책임을 질 수 있는 존재다. 이러한 특성은 아직까지 어떤 AI도 구현하지 못한 인간 고유의 영역이다. 하버드대 심리학자 하워드 가드너는 인간의 창의성을 "기계가 모방할 수 없는 인간만의 사고의 비선형성(non-linearity)"으로 정의한 바 있다(Gardner, 2011). 이는 AI가 통계적 가능성에 근거한 예측에는 능숙할 수 있어도, 기존 규칙을 벗어나는 창조적 사고에는 본질적으로 한계가 있다는 것을 시사한다.

또한, 인간은 '왜'라는 질문을 던질 수 있는 존재다. AI

는 목적 없이 주어진 데이터를 처리하지만, 인간은 의미를 찾고, 방향을 설정하며, 존재의 이유를 탐구한다. 철학자 유발 하라리는 "인간은 허구를 믿고, 그것을 공유함으로써 협력을 이끌어 내는 유일한 종"이라고 말한다(유발 하라리, 2015). 인간만이 이야기 속에서 공동체를 형성하고 가치를 창조할 수 있는 것이다.

마지막으로, 윤리적 판단에 대한 책임은 어디까지나 인간에게 있다. 인공지능은 스스로 도덕적 판단을 내릴 수 없고, 그 결과에 대한 책임도 질 수 없다. AI가 특정 결정을 내리는 과정에는 여전히 인간의 개입이 필요하며, 그 기반이 되는 데이터와 알고리즘 역시 인간이 설계하고 구성한 것이다. 다시 말해, AI가 내리는 결정은 결국 인간의 가치관과 판단이 반영된 산물이다. 따라서 그 결정이 사회에 미치는 영향에 대해서도 책임은 전적으로 인간에게 있다.

이 점은 우리가 잘 아는 영화에서도 확인할 수 있다. 예를 들어, 영화 〈아이, 로봇〉에서 인공지능은 인간을 보호하기 위해 인간의 자유를 제한하려 한다. 이는 시스템이 스스로의 판단에 따라 움직인 결과지만, 그 기반이 되는 명령과 규칙은 결국 인간이 만든 것이다. 또 영화 매트릭스에서는 인간이 만든 AI가 인간을 통제하고 억압

하는 상황까지 간다. 이런 이야기는 모두 같은 질문을 던진다.

"기술이 인간을 대신해 판단할 수 있는가?" 그리고 언제나 돌아오는 대답은 "책임은 인간에게 있다"는 것이다.

기술은 도구일 뿐이다. 그 도구를 어떻게 사용할지, 어떤 가치 기준을 적용할지는 인간 사회가 결정해야 한다. 특히 AI처럼 영향력이 큰 기술은, 그 결과를 감당하고 공동체 내에서 조율할 수 있는 인간의 역할이 반드시 필요하다. AI는 스스로 윤리를 이해하지 못한다. 그것을 설계하고 사용하는 우리가 그 윤리를 세우고 지켜야 한다.

오늘날 감정 인식 AI, 디지털 휴먼, 인간을 닮은 로봇 등은 인간성을 기술적으로 재현하려는 시도이지만, 이러한 노력 자체가 인간 존재의 복잡성과 고유성을 역설적으로 증명한다. 기술은 인간을 닮고자 하지만, 인간은 기술이 도달할 수 없는 층위에 존재한다.

따라서 AI 시대에도 인간은 여전히 특별하다. 인간은 데이터를 넘어 '의미'를 사유하고, 공감과 책임을 기반으로 사회를 구성한다. AI는 도구일 뿐, 인간의 본질을 대체할 수 없다.

AI 시대 인간 고유의 힘은 어디에 있는가?

AI가 인간의 많은 기능을 모방하거나 대체하고 있음에도 불구하고, 인간이 여전히 특별한 존재로 남을 수 있는 근본적인 이유는 인간 고유의 능력에 있다. 기술이 발전할수록 오히려 인간다움이란 무엇인지에 대한 질문은 더욱 선명해진다. 인간의 본질적 힘을 세 가지 측면에서 살펴보면

첫째, 인간은 단순히 정보를 받아들이는 존재가 아니다. 우리는 그 정보를 해석하고, 그 안에 의미를 부여하며, 삶의 방향과 연결 지어 생각한다. 예를 들어, 같은 뉴스를 보고도 누군가는 분노하고, 누군가는 슬퍼하거나 공감한다. 똑같은 사실이어도 사람마다 받아들이는 방식이 다른 이유는 각자의 가치관과 경험, 감정이 담겨 있기 때문이다.

AI는 데이터를 빠르고 정확하게 분석할 수는 있지만, 그 안에 담긴 의미나 맥락을 스스로 이해하지는 못한다. '왜 이것이 중요한가', '이 정보가 나에게 어떤 의미를 주는가' 같은 질문은 인간만이 할 수 있다. 이런 의미 생성 능력이야말로 인간 사고의 핵심이며, 기술로는 대체할 수 없는 고유한 능력이다.

둘째, 인간은 도덕적 판단과 책임을 질 수 있는 존재라

는 점에서 AI와 본질적으로 다르다. AI는 어떤 상황에서도 스스로 옳고 그름을 판단하지 못한다. 그저 주어진 데이터를 바탕으로, 사람이 짜 놓은 알고리즘에 따라 결과를 낼 뿐이다. 이때 나온 결정이 사회적으로 어떤 영향을 주는지, 누구에게 어떤 피해나 이익이 가는지는 AI가 고려하지 않는다. 이유는 간단하다. AI는 감정도 없고, 도덕도 없기 때문이다.

AI가 우리 대신 결정을 내릴 수는 있어도, 그 결정에 따른 책임까지 떠맡을 수는 없다. 예를 들어, 자율주행차가 사고를 냈을 때 누가 책임져야 할까? 차가 아니라, 그 기술을 설계하고 사용한 인간이 책임을 져야 한다. 마찬가지로, AI가 추천한 콘텐츠나 제품이 사람들에게 부정적인 영향을 줬다면, 그 시스템을 만든 사람이나 기업이 사회적 책임을 져야 한다.

결국 AI는 아무리 똑똑해 보여도, 도구일 뿐이다. 문제는 그 도구를 쓰는 방식이다. 그 기준을 정하고, 결과에 대해 책임지는 일은 언제나 사람의 몫이다. 그래서 우리는 기술을 발전시키는 만큼, 인간으로서의 도덕적 감각과 책임 의식도 함께 키워야 한다.

셋째, 맥락적 창의성은 인간의 독창성의 원천이다. AI는 기존 데이터를 기반으로 가능한 조합을 제시하지만,

인간은 비논리적 연상, 직관, 문화적 배경 등 복잡한 맥락을 통해 새로운 개념을 창출한다. 특히 예술이나 과학의 혁신은 기존 체계를 전복하거나 예상치 못한 방향으로 문제를 재구성하는 데서 시작된다. 스티브 잡스가 말했듯 "창의성은 점을 연결하는 능력"이며, 이 연결은 시간, 경험, 감정이라는 인간적 요소를 바탕으로 한다.

결국, AI는 인간의 기능을 '대체'할 수는 있어도, 인간 존재의 '본질'을 구현할 수는 없다. 의미를 만들고, 책임을 지고, 창조적으로 사고하는 인간의 능력은 기술 시대에도 여전히 유효하며, 오히려 그 가치는 더욱 부각되고 있다.

인간의 고유성을 지키기 위한 사회적 노력

인공지능 시대에 인간 고유의 능력이 더욱 중요해지는 만큼, 이를 지속적으로 계발하고 보호하는 사회적 노력이 요구된다. 인간의 의미 생성 능력, 도덕적 판단, 창의성은 타고나는 것이 아니라 교육과 경험을 통해 발전하고 유지되는 특성이다. 따라서 기술 교육 못지않게 인문학, 예술, 윤리 교육의 강화가 필수적이다.

특히 현재의 교육은 문제 해결 중심에서 문제 제기 능력, 즉 '질문하는 인간'을 길러 내는 방향으로 전환되어야 한다. 김덕진 IT커뮤니케이션소장도 "이제 어떤 일의 '본질'을 잘 아는 사람들이 주목받게 될 것"이라고 했다(김덕진, 2023). 또한 사회는 도덕적 책임과 집단적 가치에 대한 논의가 가능한 공론장을 확보해야 하며, 이는 인간 고유의 윤리적 판단력을 퇴화시키지 않기 위한 최소한의 조건이다.

기술이 인간의 능력을 보완하고 확장하는 방향으로 활용되기 위해서는, 인간 자체에 대한 이해와 존중이 전제되어야 한다. 다시 말해, 기술 중심의 미래가 아니라 인간 중심의 미래를 설계할 수 있는 힘 그것이 바로 인간 고유성의 지속 가능성을 보장하는 열쇠다.

참고문헌

김덕진(2023). 『AI 2024 트렌드&활용백과』. 스마트북스.

유발 하라리(2015). 『사피엔스』. 조현욱 옮김. 김영사.

Gardner, H.(2011). *Creating Minds*. Basic Books.

02
인간과 기계, 경계를 묻다

AI는 감정을 흉내 내고 시를 쓰며, 인간의 창조성과 공감을 복제하려 한다. 그러나 그 말에는 체온이 없고, 그 문장에는 부끄러움이 없다. 인간은 고통을 느끼고, 실수를 돌아보며, 자기 삶을 책임진다. 기술이 인간을 닮아 갈수록 인간은 오히려 "나는 누구인가"라는 질문을 통해 스스로를 정의하게 된다. 이 질문은 단지 기술의 한계를 묻는 것이 아니라, 인간 존재의 깊이를 다시 파고드는 성찰의 출발점이 된다.

AI와 MBTI?

인간의 기계화 vs 기계의 인간화

우리는 지금 인간과 기계가 서로를 닮아 가는 시간을 건너고 있다.

첨단 기술이 생활 전반에 깊이 스며들면서, 인간은 점차 효율성과 생산성 중심의 삶에 익숙해졌고, 기계는 인간의 감정을 모방하고 언어를 흉내 내기 시작했다. 하루의 시작도 이제 더 이상 온전히 인간의 몫이 아니다. 스마트워치가 수면의 질을 평가하고, 뉴스 알고리즘이 내 '취향'을 예측한다. 우리는 선택하는 것 같지만, 실은 추천된 것 중 하나를 고르고 있을 뿐이다. 익숙함과 효율 속에서 인간은 점점 판단하지 않는 존재로 변해 간다. '데이터는 더 정확하고 합리적이다'라는 믿음은 편리함을 주지만, 동시에 자율성과 직관, 그리고 불확실함을 감내하는 인간의 고유한 능력을 약화시킨다(김재인, 2020). 인간은 스스로 기계화되고 있는 것이다.

반대로 기계는 놀랍도록 인간을 흉내 낸다. 감정을 읽고, 시를 쓰고, 친구처럼 말하며 위로하기도 한다. 그러나 그 말 속엔 체온이 없다. 감정을 흉내 내지만 그 감정을 존재로서 겪지는 못하고, 공감을 말하지만 그것은 통계적 연산일 뿐이다(김상욱, 2021). 반응은 있지만 공감은 없고, 대화는 있지만 체험은 없다. 이처럼 인간의 삶은 기계적으로, 기계는 인간적으로 진화하는 이중의 흐름 속에서, 두 존재의 경계는 점차 흐려지고 있다.

더 나아가, 인간의 생물학적 한계를 기술로 극복하려는 트랜스휴머니즘(Transhumanism)의 이상은 인간과 기계의 경계선을 더욱 불투명하게 만든다. 이제 기술은 단순한 도구를 넘어, 인간의 감정, 기억, 신체 능력마저 증강하고자 한다(Floridi, 2019). 인간성과 기계성의 이분법은 해체되고 있으며, 우리는 점점 더 경계 없는 존재를 상상하게 된다.

이 시대에 우리는 근본적인 질문을 마주한다. 과연 인간을 인간답게 하는 것은 무엇인가? 기계가 더 똑똑해지고, 더 부드럽게 말하며, 때로 인간보다 더 창의적인 결과를 낼 때, 우리는 "누가 더 인간다운가?"라는 질문 앞에 서게 된다. 이는 단순히 기술의 발전을 평가하는 일이 아니라, 인간 존재의 정의 자체에 근본적인 질문을 던지는 일이며, 인간다움을 지키기 위한 철학적 성찰의 시작이다(권기덕, 2023).

인간과 기계의 경계선은 어디인가?

감정을 표현한다고 해서, 감정을 가진 것은 아니다.

우리는 종종 AI가 우리 감정을 이해한다고 느낀다. 예를 들어, AI 챗봇이 "오늘 힘들었죠?"라고 묻고, "괜찮아요, 함께 이겨 낼 수 있어요"라고 말하면, 어쩐지 위로받는 기분이 든다. 하지만 이건 진짜 감정일까?

철학자 데이비드 차머스는 '의식의 어려운 문제(The Hard Problem of Consciousness)'라는 개념을 통해, 감정 표현과 같은 외형적 반응이 실제 내면의 주관적 경험을 동반하지 않을 수 있음을 지적한다(Chalmers, 1996). AI는 슬픔을 느끼는 것이 아니라, 슬픔의 패턴을 인식하고, 학습된 문장을 출력하는 것이다. 표현은 존재의 증거가 아니다.

이처럼 AI가 감정을 흉내 낼수록, 우리는 오히려 감정의 본질이 무엇인지 더 진지하게 묻게 된다. 감정은 단지 어떤 반응이 아니라, 자신의 고통을 알아차리고, 타인의 고통 앞에서 멈춰 서는 마음의 운동이다(김상욱, 2021).

윤리의 영역에서도 경계는 분명하다. AI는 판단을 수행할 수 있지만, 그 판단에 책임을 지지 않는다. 자율주행차가 사고를 내도, 책임은 설계자에게 돌아간다. 책임이란 결국 '나의 결정이 누군가에게 어떤 영향을 미칠지를 미리 고민하고, 그 결과를 감당하려는 태도'다. 이 태도는 인간만이 가질 수 있다(이중원, 2018).

기계와 인간 사이의 경계는 감정의 유무가 아니라, 경

험할 수 있는 능력, 그리고 책임질 수 있는 존재냐의 물음에서 시작된다.

AI의 발전은 인간의 정의를 바꿀 수 있는가?

기술이 인간을 닮아 갈수록, 인간은 스스로를 다시 묻는다.

과거에는 시를 쓰고, 그림을 그리고, 음악을 만들 수 있다는 능력이 인간만의 고유한 영역이라 여겨졌다. 그러나 지금은 AI가 창작한 소설이 출판되고, AI가 그린 그림이 전시되며, AI가 작곡한 음악이 무대에 오른다(Vincent, 2018). 이러한 변화는 단순한 기술적 진보를 넘어, 인간다움의 정의를 흔든다. 놀랍고도 두려운 변화다. 우리는 점점 궁금해진다. "이런 일을 한다는 것만으로, 인간이라고 할 수 있을까?"

철학자 존 설(John Searle)은 '중국어 방' 사고 실험을 통해, AI는 언어를 조작할 수 있어도 의미를 '이해'하지는 못한다고 했다(Searle, 1980; 이상욱, 2017). AI는 대화를 시뮬레이션할 수 있지만, 그 속의 감정과 맥락을 내면화하거나 반성하지는 않는다.

더 결정적인 차이는 '반성'이다. 인간은 실수를 되돌아보며 자신을 바꾼다. 오늘의 나를 부끄러워하고, 내일은 다르게 살겠다고 다짐한다. AI는 이런 '내적 결심'을 하지 않는다. 잘못된 데이터를 수정할 수는 있지만, 그 과정에서 수치심을 느끼거나 책임감을 자각하지 않는다.

AI의 발전은 인간의 능력을 모방하지만, 그것이 인간의 존재를 대체하지는 못한다. 오히려 우리는 그 거울 속에서 스스로를 다시 바라보게 된다. 창작과 판단, 대화와 위로가 기계로 가능해지는 시대일수록, 인간은 '왜 그 노래를 부르려 했는가?', '무엇을 위해 그 그림을 그렸는가?'라는 질문으로 되돌아간다(박진영, 2022). 인간이란 기능이 아니라, 그 기능에 의미를 부여하려는 존재다. 실수하고, 부끄러워하고, 되묻고, 다시 나아가려는 그 끊임없는 의지 안에 인간다움이 있다. 기술이 인간을 닮아가는 시대, 인간은 오히려 스스로에게 더 깊이 묻는다. "나는 무엇을 알고 싶은가?", "나는 어떤 의미로 살아가고 있는가?" 그 질문이 멈추지 않는 한, 인간은 여전히 인간이다.

AI가 인간 정체성에 던지는 질문들

우리는 무엇으로 '나'를 증명할 수 있을까.

AI는 이제 인간이 해 오던 일들을 빠르게 익히고 있다. 의사는 AI의 진단 보조를 받으며, 교사는 수업 설계의 절반을 맡긴다. 변호사의 문장은 알고리즘이 요약하고, 음악가의 멜로디는 AI 작곡 소프트웨어가 뽑아낸다. 인간의 전문성이 조금씩 기계로 이동할 때, 우리는 멈춰 서서 묻게 된다.

"그럼 나는 무엇으로 나를 말할 수 있지?"

그동안 우리는 일로 자기를 설명해 왔다. "나는 ○○ 하는 사람입니다." 직업은 곧 자존감이었고, 성취는 곧 존재 이유처럼 여겨졌다. 그런데 이제 그 일들을 AI가 '더 잘' 할 수 있다고 말할 때, 우리는 단순히 일이 아니라 존재로서 다시 서야 한다.

하이데거는 인간을 '자신의 존재를 묻는 존재(Dasein)'라고 불렀다(Heidegger, 1962; 권기덕, 2023). 살아 있는 것만으로는 부족하다. 내가 누구인지, 왜 여기에 있는지를 물을 수 있을 때 비로소 인간은 인간다워진다. 그는 그런 존재만이 자기 삶을 책임질 수 있다고 보았다. 다시 말해, 인간은 의미 없는 시간을 견디지 못하고, 자신만의 이유를 찾아 나서는 존재다.

그런데 지금 우리는, 그 물음을 AI에게 대신 묻게 되는 시대에 살고 있다. "무엇을 해야 잘 사는 걸까?"라는 질문에 AI가 조언하고, "이게 나다운가?"라는 고민에 알고리즘이 취향을 분석해 답을 건넨다. 처음엔 편리하지만,

이내 불안해진다.

'이건 정말 내가 내린 결정일까?'

AI는 도움을 줄 수 있지만, 삶의 무게는 대신 살아 주지 않는다. 우리는 기계가 대신 생각해 주는 세계에서, 점점 스스로에게 질문하는 법을 잊어 가고 있다. 하지만 질문이 멈추는 순간, 존재는 흐려진다. 삶은 더 빠르고 효율적이지만, 어쩐지 나와 멀어지는 기분. 내가 살아 있는 것이 아니라, 살아지는 것 같은 느낌.

그래서 지금, 우리는 다시 물어야 한다.

"나는 왜 이 길을 선택했는가?"

"지금 이 삶은 내 것이 맞는가?"

그리고 이 질문을 끝까지 품고 살아가는 한, AI는 절대 닿을 수 없는 '인간의 자리'가 존재한다.

존재는 설명되지 않는다. 다만 매 순간 묻고, 살아 내는 것.

질문하는 그 자리에서, 인간은 인간다워진다.

참고문헌

권기덕(2023). 인공지능 시대 인간 주체성의 위기와 철학적 대응: 하이데거와 레비나스를 중심으로. 《철학사상문화》, 100, 121-144.

김상욱(2021). 감정을 흉내 내는 인공지능에 대한 윤리적 고찰.

《과학기술과 사회》, 26(2), 47-75.
김재인(2020). 『뉴노멀의 철학』. 동아시아.
박진영(2022). 생성형 인공지능과 창작의 주체 문제: GPT-3를 중심으로. 《언어와 인지》, 19(4), 231-254.
이상욱(2017). 기계가 생각할 수 있는가?: 튜링 테스트와 중국어 방 논변 재고. 《철학논총》, 101, 89-112.
이중원(2018). 기술과 존재: 하이데거의 기술철학과 인공지능 비판. 《인간과 철학》, 34, 55-83.
Chalmers, D. J.(1996). *The Conscious Mind: In Search of a Fundamental Theory*. Oxford University Press.
Floridi, L.(2019). Artificial intelligence, education, and the fourth industrial revolution. *Philosophy & Technology*, 32(1), 1-4. https://doi.org/10.1007/s13347-018-0323-5
Heidegger, M.(1962). *Being and Time*(J. Macquarrie & E. Robinson, Trans.). Harper & Row. (Original work published 1927)
Searle, J. R.(1980). Minds, brains, and programs. *Behavioral and Brain Sciences*, 3(3), 417-457. https://doi.org/10.1017/S0140525X00005756
Vincent, J.(2018.10.25). AI-generated portrait sells for $432,500 at auction. The Verge. https://www.theverge.com/2018/10/25/18021950/ai-art-portrait-obvious-christies-auction

03
공감과 감정, 인간 고유의 영역

공감은 타인의 감정과 경험을 이해하고 공유하는 인간의 고유한 능력으로, 이는 인간 사회에서 윤리적 행동과 협력, 관계 형성을 촉진하는 핵심 요소다. 많은 동물들도 기본적인 감정적 반응을 보이지만, 인간의 공감 능력은 더욱 복잡한 인지적 요소와 사회적 맥락을 포함한다는 점에서 독특하다. 이런 측면을 고려할 때 AI의 공감 능력에 대해서 생각해 보는 것은 중요한 일이다. 과연 AI는 공감 능력을 가지고 감성적 상호작용을 할 수 있을까?

AI와 난임 극복?

공감과 감정의 본질적 의미

공감

공감(compassion)이란 타인의 고통에 주목하고 그들의 감정을 느끼며, 더 나아가 그 고통을 완화시킬 수 있도록 실제적인 도움을 주는 행동이다. 공감은 제공자가 공감이 필요한 대상과 유대감이 있어야만 발생하는 것이 아니기 때문에 형성된 유대감의 정도와 상관없이 모든 개인은 공감의 대상이 될 수 있다(Kanov, 2004).

공감(compassion)이란 이타주의에 기초한 태도, 감정, 덕목으로, 타인의 고통을 완화시키고자 하는 욕구로 정의된다(Kanov, 2004). 공감의 대상은 긍정적인 상태의 개인이 아니라 부정적인 상태에서 고통을 받고 있는 개인이다.

감정

감정(emotion)은 인간의 행동, 사고, 사회적 상호작용에 깊이 관여하는 핵심적인 요소로, 다양한 학문 분야에서 활발히 연구되고 있다. 심리학에서는 감정을 내적 자극 또는 외부 환경에 대한 주관적 경험, 생리적 반응, 행동 표현이 복합적으로 작용하는 상태로 정의한다(Maers, 2014).

고전적인 감정 이론 중 하나인 제임스 랑게(James-Lange) 이론은 신체적 변화에 대한 인식에서 비롯된다고 설명하며(James, 1884), 반면 라자루스(Lazarus, 1991)는 감정이 상황에 대한 인지적 평가에 의해 발생된다고 보았다.

공감과 감정은 이처럼 개인의 삶뿐만 아니라 사회 전체의 건강과 발전에 필수 요소라 할 수 있다.

제러미 리프킨의 『공감의 시대』(2009)에서 하나의 사례를 찾을 수 있다.

1914년 12월 24일 저녁, 프랑스 한 지역에서 수많은 군인들이 급조한 참호 속에서 아무렇게나 몸을 웅크린 채 추위와 싸우고 있었다. 양측이 50미터도 채 떨어지지 않은 아주 가까운 거리에서 대치하는 상황이었다. 그런데 희한한 일이 벌어졌다. 독일군 병사들이 크리스마스트리 수천 개에 촛불을 붙이기 시작한 것이다. 이 상황을 지켜보던 영국 병사들 몇몇이 박수를 쳤다. 이후 환호성까지 질었다. 영국 병사들도 캐럴을 부르며 적에게 화답했고 그들에게 똑같이 열렬한 박수를 받았다. 양쪽에서 병사들이 서로를 향해 걷기 시작했다. 그들은 악수를 나누고 담배와 비스킷을 건넸으며 가족사진을 꺼내 보여주었다.

서로 죽고 죽이는 전장에서 아무런 보상도 바라지 않고 오로지 동료 '인간'과의 유대감에 대한 갈망에서 서로를 위로할 수 있는 힘이 흘러나왔던 상황이다. 제러미 리프킨은 이런 모습이 진정한 인간의 모습을 찾는 순간이라고 강조한다. 그 병사들이 드러낸 것이 바로 서로에 대한 '공감'이었다. 그런 한에서 인간의 공감 능력은 인간에게서 볼 수 있는 보편적 조건이라 할 수 있다.

AI는 공감할 수 있을까?

피카드(Picard, 1997)는 감정을 인식하고 표현할 수 있는 컴퓨터 시스템의 필요성을 강조하며, 이러한 시스템을 총칭해 감성 컴퓨팅(affective computing)이라고 정의하였다. 그녀는 감정이 인간의 의사 결정, 지각, 기억, 상호작용에 필수적인 요소이므로 인간과 자연스럽게 상호작용하기 위해서는 AI 역시 감정 요소를 고려해야 한다고 주장했다.

이후의 연구들을 보면 실제로 감정이 의사 결정(Damasio, 1996), 인지 과정(Calvo & D'Mello, 2010), 인간-컴퓨터 상호 작용(Brave & Nass, 2003)에 중요한 역할을 한다는 점을 보여 주며, AI 시스템에 감정 요소를 포함시키는 접근의 타당성을 뒷받침하고 있다.

브레이브와 나스는 컴퓨터가 감정에 반응할 때 사용자와의 상호작용이 보다 자연스럽고 효과적으로 된다고 주장하면서 컴퓨터가 감정에 반응할 수 있을 때, 사용자는 더 높은 만족도와 신뢰를 경험한다고 하였다. 감정 인식 기술은 학습, 건강, 게임 등 다양한 응용 분야에서 사용자 경험을 크게 향상시킬 수 있다(Calvo & D'Mello, 2010).

이런 다양한 연구들을 볼 때 언젠가 인간과 AI가 공감할 수 있는 시기가 도래할 것 같은 기대를 하게 된다.

인간과 AI의 감성적 상호작용 사례 분석

인간과 인공지능의 사랑 이야기를 다룬 영화가 있다. 2013년 개봉한 스파이크 존즈 감독의 영화 〈그녀(Her)〉다. 주인공 테오도르는 디지털이 대중화된 시대에 아날로그적인 손 편지를 대필해 주는 대필 작가다. 다른 사람의 마음을 대신 전달해 주는 일을 하고 있으나, 정작 본인은 아내 캐서린과 별거 중인 채로 지내고 있다. 테오도르는 '당신에게 귀 기울여 주고, 이해해 주고, 알아줄 존재'라는 광고를 보고 인공지능 운영체제를 사게 된다.

이 영화는 2025년을 배경으로 인공지능과 인간의 사랑이라는 독특한 소재를 다루어 주목받았다. 영화 〈그녀〉는 고정불변의 감정을 지닌 인공지능이 아니라 감정까지 프로그램이 확장되고 있는 인공지능을 보여 주는 영화로 타 인공지능 관련 영화와 구별된다. 2015년 일본에서는 간병 로봇, 로베어(ROBEAR)가 개발되었다. 이 간병 로봇은 일본의 리켄(RIKEN) 이노베이션 센터에서 개발한 것으로 곰을 닮은 귀여운 인형으로 따뜻하고 친근함 감성 디자인으로 사용자가 심리적으로 부담을 느끼지 않도록 설계되었다.

그리고 아이보(Aibo)라는 소니가 만든 로봇 강아지가 있다. 아이보는 1999년 처음 나온 후 2006년 단종되었다. 2018년 업그레이드된 신제품이 다시 출시되었다. 아이보의 개발 목적은 진짜 반려동물 같은 정서적 교감을 만들어 낼 수 있는 로봇으로 '기능'보다는 '감성적 연결'에 초점을 둔 로봇이다. 소니는 아이보를 통해 인간-로봇 정서적 유대 가능성을 탐색하고자 했다.

그렇다면 인공지능 로봇은, 반려 로봇 아이보는, 그리고 영화 〈그녀〉의 사만다는 인간에게 감정 이입하는가? 감정 이입의 의미를 세 가지로 제시했던 슈타인의 견해에 따르면 인공지능이 인간에게 감정 이입을 실행할 수 있을 것이다. 그러나 완전한 감정 이입이 아니라 '어느 정도'에서 인공지능 로봇이 인간에게 감정적 교환 행위를 통해 상호 이견을 조율하며 관계를 맺는 데에 한정될 것이다. 인공지능 로봇은 감정 이입을 통해서 인간을 이해하기보다는 감정 교환 행위를 통해서 인간으로 하여금 인공지능 로봇이 자신을 이해하고 있다고 착각하게 할 수 있다. 물론 인공지능 로봇 자체가 감정 이입하는 인간을 통해 인공지능 로봇을 객관화하기는, 즉 타자성을 지닌 인공지능 로봇으로 간주하기는 여전히 불명확하다고 볼 수 있다.

감정적 교류가 가져올 미래 사회의 변화

의료 현장에서 의료인들은 환자가 무엇을 요구하고 필요로 하는지, 그리고 자신의 질병과 치료 방법을 어떻게 수용하는지 이해하는 것이 핵심 쟁점일 수 있다. 특히 의사소통 과정에서 환자가 처한 구체적 삶의 맥락을 고려하고 양자의 관계 능력으로서 공감 능력과 책임감이 포함된다.

즉 돌보는 사람은 타인이 무엇을 기대하고 무엇을 느끼며, 그 상황이 무엇을 요청하는지 인식한 후 돌볼 수 있을 것이다. 물론 그 과정에서 타인을 수용하면서 타인과 함께 느끼며, 함께 이해하며 함께 있는 것이 전제 조건이다(공병혜, 2019).

노인 돌봄 서비스에서 인공지능 로봇이 상용화되고 있다. 인공지능 로봇을 통해 1인 가구 독거노인 돌봄 서비스가 진행되고 있는데, 노인과의 말벗, 가족이나 생활 보호사와 영상통화, 복약 시간이나 식사 시간 알림, 위험 상황 시 가족이나 119에 긴급 알림 서비스가 주로 진행되며 독거 어르신의 외로움을 달래기 위해 음성으로 '안녕히 주무셨나요?', '몇 시에 일어나셨나요?', '좋아하는 음악 틀어 드릴까요?' 등과 같이 독거노인에게 지속적으로 질문을 한다. 즉 인공지능 로봇에 의한 돌봄 서비스가 확대될 전망이다.

미래 사회의 변화 방향

앞으로 AI는 단순히 '정보 제공자'를 넘어, 감정을 읽고 반응하는 '정서적 파트너'로 진화할 가능성이 크다. 피카드가 제시한 감성 컴퓨팅 개념 이후, AI는 사용자의 표정, 음성, 언어를 분석하여 정서 상태를 파악하고 맞춤형 반응을 생성할 수 있게 되었다. 이러한 기술은 인간의 삶의 질 향상, 특히 정서적 지원, 정신건강, 고립 문제 해소 등에서 긍정적인 가능성을 보여 준다. 실제로 노인 돌봄 분야에서 로베어, 반려 로봇 아이보 등이 적용되며, 정서적 유대와 사회적 상호작용에 기여하고 있다(Calvo &

D'Mello, 2010).

중요한 것은 AI가 감정을 '흉내' 낸다고 해서 그것을 진짜 감정이라 볼 수는 없다는 점이다. 사용자는 감정적 반응에 감동하거나 위로를 받을 수 있지만, 이는 프로그램된 알고리즘에 의한 반응일 뿐이다.

앞으로 감정형 AI의 발전은 기술적 진보만으로는 충분하지 않으며, 심리학적 이해, 윤리적 기준, 사회학적 분석이 병행되어야 한다. 인간의 삶 속에 감정 AI가 깊숙이 들어올수록, 우리는 '이 관계가 무엇인지', '어디까지 허용할 것인지'를 질문하고 성찰해야 할 필요가 있다.

참고문헌

공병혜 외(2015). 『생명윤리』. 현문사. 210-211쪽.

김미혜(2016). 영화 〈그녀〉를 통해 본 인공지능과 인간의 공존이 주는 의미. 《한국콘텐츠학회논문지》, 16(10), 한국콘텐츠학회. 637쪽.

이은영(2022). 인간과 인공지능은 감정이입을 통해 상호작용이 가능한가? -돌봄과 치료의 영역을 중심으로-. 《현대유럽철학연구》, 64. 한국하이데거학회. 319-348.

제러미 리프킨(2009). 『공감의 시대』. 이경남 옮김. 민음사. 11-12쪽.

Brave, S., & Nass, C.(2003). Emotion in human-computer interaction. In J. A. Jacko & A. Sears (Eds.), *The human-computer interaction handbook: Fundamentals, evolving technologies and emerging applications* (pp.81-96).

Lawrence Erlbaum Associates.

Calvo, R. A., & D'Mello, S.(2010). Affect detection: An interdisciplinary review of models, methods, and their applications. *IEEE Transactions on Affective Computing*, 1(1), 18–37. https://doi.org/10.1109/T-AFFC.2010.1

Damasio, A. R.(1996). The somatic marker hypothesis and the possible functions of the prefrontal cortex. *Philosophical Transactions of the Royal Society B: Biological Sciences*, 351(1346), 1413–1420. https://doi.org/10.1098/rstb.1996.0125

Kanov, J. M., et al.(2004). Compassion in organizational life. *American Behavioral Scientist*, 47(6), 808–827.

Maers, D. G.(2014). *Psychology*(10th ed.). Worth Publishers. 475.

Picard, R. W.(1997). *Affective computing*. MIT Press.

Stein, E.(1998). Selbstbildnis in Briefen, Erster Teil 1916–1933, Freiburg/Basel/Wien 2. Aufl., 1998.

04
예술에서 인간과 AI의 창의적 협력

예술 창의성은 인간 고유의 직관과 감정, 의미 부여에서 비롯되지만, AI는 데이터와 알고리즘으로 창작한다. AI 창작은 이미 여러 작품을 통해 그 가능성을 증명했으며, 앞으로 인간과 AI가 협력하는 '공동 창작' 형태로 발전하여 창의적 시너지를 이루고 예술의 경계를 확장할 것이다.

AI와 사주?

예술과 창의성의 본질과 인간 고유의 영역

예술에서 창의성이란 전에 없던 새롭고 의미 있는 아이디어나 표현을 만들어 내는 능력을 뜻한다. 여기서 중요한 것은 단지 독특한 무언가를 만들어 내는 것이 아니라, 그것이 사람들에게 정서적 · 미적 공감을 일으키고, 사회적 · 문화적 의미를 전달할 수 있어야 한다는 점이다.

철학자와 예술가들은 오랫동안 창의성이 인간만의 고유한 영역임을 강조해 왔다. 철학자들은 문학적이고 상상적이며 유희적인 창작이 인간 정신의 산물로서 기계가 결코 모방할 수 없다고 말하며, 인간 창의성의 특별함을 강조한다. 애니메이션의 거장 미야자키 하야오 또한 AI가 만들어 낸 애니메이션을 보고 "삶에 대한 모독"이라며 강한 거부감을 드러냈는데(Loera, 2023), 이는 예술을 단순히 기술적 결과물이 아닌 인간 고유의 경험과 감정, 정신적 활동이 표현된 결과로 보기 때문이다.

실제로 인간의 창의성은 개인의 삶에서 겪은 다양한 경험과 감정, 인지적 · 사회적 과정의 복잡한 상호작용에서 탄생한다. 인간 창작자는 작품에 자신의 내적 경험과 의식을 투영하며, 이것이 바로 예술 작품에 담기는 독특한 '의도'와 '의미'를 만들어 낸다. 즉, 예술 작품에는 창작자가 전달하고자 하는 감정이나 메시지가 담겨 있으며, 관객은 이러한 메시지를 통해 작품과 깊은 공감과 소통을 경험하게 된다.

반면 AI의 창의성은 인간과 근본적으로 다르다. AI는 방대한 데이터와 알고리즘을 기반으로 작품을 창작하기 때문에 미학적으로 아름답고 독특한 결과물을 만들어낼 수 있지만, 내면적 경험이나 감정을 지니지 않는다. 따라서 인간 창작자가 작품에 담아내는 깊이 있는 메시지와 의도를 표현하는 데 한계가 있다. AI 창작물은 기술적 완성도는 뛰어나지만, 예술 평론가들이 지적하듯이 진정한 정서적 깊이나 내면의 울림을 갖지 못한다.

결국, 창의성의 본질적 요소인 '의도와 의미의 부여'는 여전히 인간 고유의 영역으로 남아 있다. 인간이 내면의 경험을 예술로 승화시키는 과정이야말로 예술의 본질이며, 인간 창의성의 고유한 가치를 증명하는 것이다.

예술 창작에서 인간과 AI가 다른 점

예술의 본질과 창의성이 인간 고유의 영역이라는 관점은 자연스럽게 인간과 AI의 창작 방식의 근본적 차이를 이해하는 데로 이어진다. 인간은 작품에 자신의 내적 경험과 의도를 반영하는 반면, AI는 데이터와 알고리즘에 따라 작품을 생성하기 때문이다. 그렇다면 구체적으로 인간과 AI의 예술 창작 과정은 어떤 점에서 다를까?

인간과 AI 창작의 차이는 간단히 "직관과 감정 vs. 패턴 학습과 데이터"로 설명할 수 있다. 인간 예술가는 내면의 감정, 기억, 경험, 그리고 풍부한 상상력을 바탕으로 작품을 만든다. 때로는 논리적으로 설명하기 어려운 직관적인 도약을 통해 창작이 이뤄지기도 하고, 예기치 못한 순간에 갑자기 영감이 떠올라 작품의 방향을 바꾸기도 한다. 예컨대 소설가가 극심한 슬럼프에 빠졌다가 어느 날 문득 자신의 삶에서 경험한 감정의 파편에서 새로운 이야기의 실마리를 찾는 경우를 보자. 혹은 화가가 캔버스 앞에서 계획하지 않은 즉흥적인 붓질로 전혀 예상하지 못한 걸작을 그려 내기도 한다. 인간의 창작은 이처럼 예측 불가능하며, 비체계적이고 충동적인 특성을 지닌다. 무엇보다 인간 창작의 핵심에는 자기표현이라는 내적 동기와 의식적, 무의식적 감정의 흐름이 자리 잡고 있다.

반면 AI의 창작 과정은 인간의 그것과 근본적으로 다르다. AI는 감정이나 직관이 아닌 데이터와 알고리즘에 기반을 두고 있다. 생성형 AI 모델은 방대한 양의 기존 데이터를 분석하고 거기에서 나타나는 패턴을 학습한 뒤, 통계적 확률을 기반으로 결과물을 산출한다. 이 과정은 완벽히 체계적이며 예측 가능한 알고리즘적 절차에 따라 이루어진다.

AI 창작의 대표적인 기술적 접근법으로는 GAN(생성적 적대 신경망), VAE(변이형 오토 인코더), 그리고 스타일 전이(Style Transfer) 네트워크가 있다. GAN은 생성자와 판별자라는 두 신경망이 서로 경쟁하며 사실적인 이미지를 생성하도록 훈련된다. VAE는 데이터를 압축해 중요한 특징을 학습한 후, 이를 바탕으로 유사하지만 새로운 데이터를 만들어 낸다. 스타일 전이는 한 작품의 예술적 스타일을 다른 작품에 적용해 독특한 느낌을 구현하는 방식이다. 이러한 기술들은 모두 데이터 내의 패턴을 추출하고 재조합하는 방식으로 동작하며, '새로움'은 데이터 내에서의 조합과 변형의 산물일 뿐, 인간과 같은 진정한 창조적 도약은 아니다.

결국 인간과 AI 창작의 결정적 차이는 창작 과정에 있다. 인간은 내면적 직관과 감정, 즉흥성에서 창작의 영감을 얻지만, AI는 방대한 데이터와 알고리즘적 계산에서 창작의 소재를 얻는다. 이 차이는 작품에 담긴 깊이와 의미, 그리고 창작자가 전달하고자 하는 바에 근본적 차이를 만들어 낸다. 인간 창작물에는 작가의 삶과 감정, 의도가 묻어 있지만, AI 창작물은 기술적으로 정교할지라도 인간이 가진 고유한 내면의 빛깔과 울림을 담아내기 어렵다.

AI 창작의 현실적 가능성과 한계: 실제 사례

이처럼 인간과 AI의 예술 창작 과정은 근본적으로 다르지만, AI가 만들어 낸 작품이 실제 예술 현장에 등장하며 주목할 만한 현실적 성과를 내는 것도 사실이다.

AI가 창작한 예술이 현실 세계에서 상업적 가치를 인정받은 대표적인 사건으로는 2018년 뉴욕 크리스티 경매에서 판매된 초상화 〈에드몽 드 벨라미(Portrait of Edmond de Belamy)〉가 있다. 프랑스의 예술 그룹 오비어스(Obvious)가 GAN을 사용해 제작한 이 작품은 약 43만 달러(한화 약 5억 원)에 팔리며 최초로 경매에 성공한 AI 그림이라는 기록을 세웠다. 이 사건은 AI 창작물이 미술 시장에서도 충분한 경제적 가치를 가질 수 있음을 보여 준 상징적인 사례였다.

이후 AI 예술 작품은 점차 미술관에도 진입했다. 뉴욕 현대미술관(MoMA)에서는 2022년에 AI 예술가 레픽 아나돌(Refik Anadol)의 〈비지도(Unsupervised)〉를 전시했다. 이 작품은 MoMA 소장품의 데이터를 AI가 학습한 뒤 이를 실시간으로 변화시키는 디지털 설치미술로 예술계가 AI의 작품을 진지하게 예술로 수용하기 시작했음을 보여 줬다.

음악 분야에서도 AI의 활약이 두드러진다. 대표적인 AI 작곡가로 꼽히는 AIVA는 2016년에 이미 룩셈부르크 저작권청에서 작곡가로 공식 인정받았다. AIVA가 작곡한 클래식 작품은 실제 오케스트라에 의해 연주되어 음반으로 출시되었으며, 전문가들도 "신진 작곡가 작품으로서 준수하다"고 평가했다.

그러나 AI 창작이 무조건 찬사만 받는 것은 아니다. 2022년 콜로라도 주립 박람회의 디지털 아트 부문에서 미드저니(Midjourney)로 생성된 작품 〈스페이스 오페라 극장(Theatre D'opera Spatial)〉이 우승을 차지하면서 논란이 불거졌다. 다른 예술가들은 "프롬프트 몇 자만 입력했는데 예술이라고 할 수 있느냐"며 반발했고, 이는 AI 창작물의 독창성과 예술성 평가에 대한 논쟁을 촉발했다. 이 사례는 AI 창작의 성취와 함께 현실적 한계도 명확히 드러냈다. 실제로 AI 작품들은 종종 '어디선가 본 듯한' 느낌을 준다는 비판을 받고 있다. 이는 AI가 본질적으로 기존 데이터를 바탕으로 변형하고 모방하는 창작을 하기 때문이다.

결국 AI 창작의 가능성과 한계를 둘러싼 논의는 지금

도 뜨겁게 진행 중이다. 창작의 의미는 누가 부여하는지, 작품의 저작권은 누구에게 속하는지, 그리고 예술의 독창성은 어떻게 정의해야 하는지와 같은 본질적 질문이 제기되고 있다. 이 논쟁들은 결국 AI와 인간의 창의적 역할 분담에 대한 사회적 합의로 이어질 것이다.

인간과 AI가 함께 만드는 창작의 미래

이처럼 AI 창작의 가능성과 한계를 둘러싼 논란은 계속되고 있지만, 많은 전문가는 결국 AI와 인간의 협력이 예술 창작의 주요 흐름이 될 것으로 전망한다. AI가 인간을 완전히 대체하기보다는, 인간과 AI가 서로의 강점을 발휘하여 함께 창조하는 '공동 창작(co-creation)' 시대가 열린다는 것이다.

이러한 협력 모델에서 인간과 AI는 상호 보완적 역할을 수행하게 된다. AI는 대규모 데이터를 기반으로 창작의 초기 아이디어를 제공하거나 초안을 생성하고, 인간은 작품에 감정적 깊이와 문화적 맥락을 부여하는 방식이다. 예를 들어, AI가 작품의 초안을 생성하면 인간 예술가가 이를 정교하게 다듬는다거나 인간 창작자가 작품에 다양한 문화적 맥락을 더해 AI 창작물의 한계를 보완하는 것이 가능하다.

실제 협업 사례들도 이미 여러 분야에서 등장하고 있다. 2016년 네덜란드에서 진행된 '넥스트 렘브란트(The Next Rembrandt)' 프로젝트가 대표적이다. 이 프로젝트에서 AI는 렘브란트의 기존 작품 데이터를 학습하여 렘브란트 풍의 완전히 새로운 초상화를 그려 냈다. 이후 인간 미술사학자와 기술자들이 이 작품을 검토하고 세부적인 요소를 조율하여 완성도를 높였다. 2021년 음악 분야에서는 '베토벤 교향곡 10번 완성 프로젝트'가 주목을 받았다. 음악학자들이 베토벤의 미완성 스케치를 AI에 학습시켜 악절들을 생성하면, 인간 작곡가들이 이를 최종적으로 정리해 완성된 곡을 오케스트라가 연주하는 방식이었다. 이 작품은 AI와 인간이 창의적으로 협력하여 베토벤의 새로운 작품을 완성했다는 평가를 받았다.

이처럼 AI와 인간의 협업은 창작의 지평을 넓히며 창의적 혁신을 촉진할 것이다. 『하버드 비즈니스 리뷰』(2023)는 AI와 인간 간 협업의 구체적 방법을 정리했는데, 발산적 사고를 촉진하는 데 활용하거나, 전문성의 편향을 깨뜨리는 데 활용하거나, 아이디어 평가와 개선을 지원하는 동시에 사용자 간 협업을 쉽게 하는 데 활용할 수 있음을 언급했다. 결과적으로 인간과 AI가 함께 만들어 가는 창작의 미래는 결국 더 풍부하고 창의적인 예술을 가능하게 하며, 예술의 개념과 경계를 새롭게 정의할 것이다.

인간과 AI, 창조적 시너지를 향하여

결론적으로, 인간과 AI의 창의적 결합은 예술의 지평을 넓히고, 예술의 개념과 경계를 새롭게 정의하는 계기가 될 것이다. AI는 방대한 데이터 처리와 무한한 패턴 생성 능력으로 인간 창의성을 지원하고 확장할 수 있지만, 결국 의미를 부여하고 작품의 방향성을 결정하는 것은 인간 고유의 몫이다. 물론 AI에 대한 과도한 의존으로 창작의 획일화나 데이터 편향 등 극복해야 할 현실적 과제들도 존재한다. 그러나 AI가 인간 창의성을 위협하기보다는 오히려 인간의 창의성을 더 선명하고 풍부하게 드러낼 수 있는 도구로 작용할 가능성이 크다. 중요한 것은 인간 고유의 창의성을 잃지 않으면서 AI를 창의의 파트너로 삼는 균형이며, 이 균형을 유지할 때 비로소 "1+1이 2 이상"이 되는 창의적 혁신을 이룰 수 있다. AI의 등장은 우리에게 다시 한번 "예술이란 무엇인가?"라는 본질적인 질문을 던지고 있으며, 역설적으로 그 답을 찾는 과정에서 인간만의 창의성이 더욱 빛나게 될 것이다. AI는 새로운 붓과 악기를 우리 손에 쥐여 주었고, 이제 그것을 이용해 어떤 아름다운 협주곡을 창조할지는 오직 인간 자신에게 달려 있다.

참고문헌

전현주(2025). 디지털 시대의 창의적인 글쓰기 도구, 생성형 AI의 프롬프팅에 관한 연구. 《디지털콘텐츠학회논문지》, 26(2), 275-285쪽.

Eapen, T., et al.(2023). How generative AI can augment human creativity. *Harvard Business Review*, 101(4).

Evancic, B.(2023). Does AI Art = Artificial Art?. *Art Vancouver.*

Loera, C.(2023). Tim Burton calls out AI: 'It's like a robot taking your humanity, your soul'. *Los Angeles Times.*

05

노동의 변화, 인간과 AI의 공존 전략

AI의 발전은 인간의 삶과 사회 전반에 걸쳐 근본적인 변화를 일으키고 있다. AI 시대 인간의 생존 방식을 고민해야 할 시점이자, AI가 우리 일상에 깊숙이 스며들수록 어떻게 공존할 것인가에 대한 윤리적 · 사회적 · 경제적 측면의 기반을 함께 마련해야 할 것이다. AI 시대에 새롭게 정의해야 할 노동의 의미와 인간과 AI의 공존을 위한 조건, 지속 가능한 협력 방안을 제시하고자 한다.

AI와 아이돌?

AI 도입이 초래한 노동의 변화와 인간 소외

AI 기술은 단순 자동화를 넘어 데이터 분석, 의사 결정, 고객 응대, 의료 진단 등 고차원적 업무의 영역까지 침투하고 있다.

2020년대에 AI가 도입된 직장에서는 기존 직무가 사라지는 동시에 새로운 역할이 창출되고 있다.

세계경제포럼에 따르면 향후 5년 내 생성될 신직업군 중 가장 빠르게 성장할 분야는 AI 및 머신러닝 전문가, 지속 가능성 전문가, 데이터 분석가 등이며(World Economic Forum, 2023), 동시에 사무행정직, 텔레마케터, 고객센터 운영 등은 AI 자동화로 인해 가장 빠르게 감소할 것으로 전망한다. 이러한 변화는 단순한 기술적 전환이 아닌, 직무의 본질 자체를 바꾸는 구조적 전환을 의미한다. 특히 데이터를 "수집, 분석"하는 능력에서 나아가, 이를 "해석하고 전략화"할 수 있는 인간의 고유한 사고 능력이 노동 시장에서 더욱 중요해지고 있다.

변화하는 일자리와 새롭게 부상하는 인간의 역할

기술 발전과 일자리의 구조적 변화

인공지능,자동화, 로보틱스 기술은 4차 산업혁명의 핵심

동력으로서, 기존 일자리 구조를 빠르게 재편하고 있다. 단순 반복적이거나 예측 가능한 직무는 AI에 의해 빠르게 대체되고 있으며, 인간이 수행하던 노동의 물리적 인지적 범위가 점차 좁아지고 있다. 또한 데이터 분석가, 머신러닝 전문가, 지속 가능성 전문가, 디지털 전환 관리자와 같은 직군의 수요 증가를 강조하고 있다(World Economic Forum, 2023). 이러한 흐름은 기존 노동시장의 '대량 생산—대량 고용' 구조를 붕괴시키며, 기술과 협업이 가능한 새로운 유형의 고숙련 인력을 요구하고 있다.

인간의 역할

AI는 대량의 데이터를 빠르게 처리하고 정형화된 문제를 해결하는 데 탁월하지만 창의성, 윤리적 판단, 감성적 교류 등의 인간 고유의 역량을 대체하기 어렵다.

첫째, 감성 노동이 핵심인 심리상담사, 간호사, 교사, 사회복지사 등은 공감과 사회적 지능이 요구되며, AI 보조를 통해 오히려 더 나은 서비스를 제공할 수 있다(Frank et al, 2022).

둘째, 예술가, 디자이너, 기획자 등 창의력과 통찰력이 중요한 직군은 여전히 인간 중심이며, AI가 모방은 가능하나 맥락을 창조하는 능력은 부족하다(Wilson & Daugherty, 2021). 또한 AI 기술 개발 초기 단계에서부터 윤리적 설계가 포함되어야 하며, 인간의 권리와 존엄을 보호할 수 있는 법적, 제도적 장치가 필요하다(Bostrom & Yudkowsky, 2020).

마지막으로 알고리즘 편향과 개인정보 침해 등의 문제를 다루는 AI 윤리 전문가와 정책 설계자의 역할도 부각되고 있다.

따라서 AI 시대의 노동은 기술과의 경쟁이 아닌 상생을 통해, 인간 고유의 가치를 재정립하는 방향으로 나아가야 한다.

산업 현장의 AI 도입 및 인간과의 협업 사례

인간과 AI의 협업은 단순한 역할 분담을 넘어서 AI가 독립적 의사 결정 주체로 기능하는 새로운 국면에 이르고 있다. 이를 기계 행동(Machine behaviour)으로 개념화해 AI의 사회적 역할을 분석하는 새로운 틀을 제시한다(Rahwan et al, 2020).

제조

제조업에서 AI는 예측 정비, 품질 검사, 생산 최적화 등 다양한 영역에 활발히 도입되고 있다. 특히 스마트 팩토리(Smart Factory) 개념은 단순한 자동화 설비를 넘어, 인간과 AI가 실시간 데이터를 공유하며 의사 결정의 협업 구조를 기반으로 한다. BMW그룹은 AI 기반 영상 인식 시스템을 생산 공정에 도입해 부품 조립 시 실시간으로 불량 여부를 확인하고 인간 작업자에게 피드백을 제공한다. 이는 작업자의 판단을 보조하여, 정확성을 높이고 노동을 경감하는 방향으로 구현되고 있다.

의료

의료 산업에서 AI는 영상 진단, 병리 분석, 환자 데이터 해석 등에서 의료인의 판단을 보조하며 활용되고 있다. 구글 헬스(Google Health)와 딥마인드(DeepMind)의 유방암 진단 알고리즘은 영상의학과 전문의보다 높은 정확도를 보였으나, 여전히 보조 도구로서 의사의 임상적 판단을 뒷받침한다. 이는 AI가 의료 현장에서 대체자가 아닌 효과적인 보완자로 기능할 수 있음을 보여 준다.

서비스

서비스 산업에서 AI는 AI 챗봇, 음성 인식, 고객 예측 시스템이 활발히 활용되지만, 감정적 요구까지는 완전히 충족하기는 어려워 인간 상담원과의 하이브리드 협업 모델이 주를 이룬다. 델타항공(Delta Airlines)은 IBM의 왓슨 어시스턴트(Watson Assistant)를 도입해 단순 문의는 AI가, 복잡하거나 감정적인 상담은 인간이 담당함으로써 응답 속도와 고객 만족도를 동시에 높이고 있다.

물류 및 운송

아마존과 UPS는 물류 센터에서 AI 로봇과 인간이 협업하는 시스템을 운영하고 있다. 로봇은 분류와 이송을, 인간은 포장과 검수, 예외 상황 대응을 맡아 직관적 판단을 보완한다. 이를 협업 로봇 경제(Co-bot Economy)로 정의하며, 인간과 기계의 강점을 결합할 때 생산성과 직무 만족도가 함께 향상된다(MIT Task Force, 2022).

결론적으로 AI는 산업 전반에서 효율성과 정확성을 높이고 있으나, 진정한 생산성과 고객 만족은 인간과의 협업을 통해 실현된다. 앞으로도 창의성, 감성 지능, 윤리적 판단에 기반한 인간 중심의 협력 모델이 핵심 전략으로 자리 잡을 것이다.

AI 노동 개념의 재정의와 지속 가능한 노동 환경 구축 방안

노동 개념의 변화

AI와 자동화는 기존 반복적 · 물리적 노동을 대체하며 노동의 본질에 대한 재정의를 요구하고 있다. 이러한 변화는 단순한 생계 유지 수단으로서의 노동 개념을 넘어 개인의 자율성, 유능감, 관계성이라는 인간의 기본 심리 욕구를 실현하는 과정으로 노동을 재정의하게 한다(Deci & Ryan, 2000). 또한 기술과 협업을 통해 창의성과 감성을 실현하고, 인간의 존엄성과 삶의 질을 추구하는 활동으로 확장되고 있다. 또한 미래 노동은 자율성과 사회적 기여를 보장하는 방향으로 나아가야 한다(MIT Task Force, 2022). 이는 단순한 직무 변화가 아니라, 인간이 '왜 일하는가?', '일을 통해 무엇을 실현하고자 하는가?'에 대한 근본적 성찰을 촉발한다. 노동은 더 이상 소득의 수단만이 아니라 존재의 의미를 구현하는 행위이자 공동체 속에서 정체성을 형성하는 핵심이 된다. 따라서 기술 발전을 수동적으로 수용하기보다 인간 중심의 노동 기준을 능동적으로 재정립하는 일이야말로 AI 시대를 살아가는 우리 모두의 중요한 과제가 될 것이다.

지속 가능한 노동 환경 구축을 위한 정책 및 조직 전략

AI 시대의 지속 가능한 노동을 위해서는 정부, 기업, 사회 전반의 제도적 대응이 필수적이다. AI와 자동화는 효율성을 높이지만, 인간 소외와 가치 상실의 위험도 수반한다. 따라서 기술 도입과 함께 노동을 '사람 중심의 가치'로 재정의하고, 이를 바탕으로 지속 가능한 환경을 조성하는 것은 사회 정의와 공동체 회복의 과제다. 기술 중심이 아닌 인간 중심의 노동 철학이 정립될 때, 비로소 AI 시대의 '좋은 일'이 실현될 수 있다.

결론

AI는 반복적 노동을 대체하며 산업 구조와 일자리의 본질을 변화시키고 있지만 감성 지능, 창의성, 윤리적 판단 등 인간 고유의 역량은 오히려 더욱 중요해지고 있다. AI와 인간의 협업 사례는 기술이 대체자가 아닌 보완자로 작동할 수 있음을 시사한다. 이에 따라 노동은 단순한 생계 수단을 넘어, 삶의 의미와 공동체 속 정체성을 실현하는 과정으로 재정의되고 있다.

지속 가능한 미래를 위해서는 기술 중심이 아닌 인간 중심의 노동 철학을 정립하고, 사회 전반이 제도적 · 윤리적 기반을 함께 마련해 나가야 한다. 결국, AI 시대의 '좋은 일'은 사람과 기술의 조화 속에서 실현될 것이다.

참고문헌

Bostrom, N., & Yudkowsky, E.(2020). *The Ethics of Artificial Intelligence*. Cambridge University Press.

Deci, E. L., & Ryan, R. M.(2000). The "What" and "Why" of Goal Pursuits: Human Needs and the Self-Determination of Behavior. *Psychological Inquiry*, 11(4), 227-268.

Frank, M. R., et al.(2022). Toward understanding the impact of artificial intelligence on labor. *PNAS*, 119(1), e2109439119.

IBM(2021). Delta Air Lines soars to new heights with conversational AI.

McKinney, S. M. et al.(2020). International evaluation of an AI system for breast cancer screening. *Nature*, 577, 89-94.

MIT Task Force(2022). The Work of the Future: Building Better Jobs in an Age of Intelligent Machines.

Rahwan, I. et al.(2020). Machine behaviour. *Nature*. 568, 477-486. DOI: 10.1038/s41586-019-1138-y

Wilson, H. J., & Daugherty, P. R.(2021). The Job Skills AI Will Disrupt. *Harvard Business Review*.

World Economic Forum(2023). *The Future of Jobs Report 2023*. Geneva: WEF.

06
AI의 거울: 인간의 모습을 비추는 기술

급격히 발전하는 AI는 인간 지능을 모방하며 우리 존재에 대한 새로운 성찰을 제시한다. AI는 학습 과정에서 인간 사회의 편향과 선입견을 흡수하고 증폭해 마치 거울처럼 인간의 모습을 드러낸다. AI가 학습하는 편향성이 야기하는 문제들을 살펴보고, AI의 윤리적 판단 가능성에 대한 근본적 질문을 던진다. AI가 인간을 평가하는 시대에 우리가 가져야 할 자세와 인간 고유의 가치를 모색하며, AI라는 거울에 비친 우리의 모습을 직시하고 그림자를 극복하는 방안을 논의하고자 한다.

AI와 야구?

AI는 인간의 편향과 선입견을 학습한다

AI는 방대한 데이터를 통해 학습하고 스스로 진화하는 놀라운 능력을 보여 주지만, 그 이면에는 인간이 만들어 낸 데이터의 편향과 선입견을 그대로 답습한다는 심각한 문제가 존재한다. AI는 마치 거울처럼 인간 사회의 불평등과 차별을 반영하며, 때로는 증폭시키기까지 한다. 이는 단순히 기술적인 오류를 넘어, 사회적 정의와 윤리적 문제로 이어질 수 있다는 점에서 심각한 우려를 낳는다. AI가 인간의 편향을 학습하는 것은 단순히 기술적인 문제가 아니라, 사회적 불평등을 심화시키고 민주주의 사회의 근간을 흔들 수 있는 심각한 문제다.

AI 학습 데이터의 편향은 다양한 형태로 나타난다. 예를 들어 얼굴 인식 AI는 백인 남성의 얼굴은 높은 정확도로 인식하지만, 흑인 여성의 얼굴은 그렇지 못한 경우가 많다. 이는 학습 데이터에 백인 남성의 얼굴 데이터가 압도적으로 많기 때문이다. 또한 채용 AI는 특정 성별이나 출신 학교를 선호하는 경향을 보일 수 있는데, 이는 과거 채용 데이터에 반영된 차별적인 관행을 학습한 결과다. 이러한 편향은 소수 집단에 대한 차별을 심화시키고, 사회적 불평등을 고착화할 수 있다.

AI 편향의 문제는 알고리즘의 복잡성과 불투명성 때

문에 더욱 심각해진다. AI는 스스로 학습하고 판단하는 과정에서 어떤 요인이 영향을 미치는지 명확하게 밝히기 어렵다. 이는 편향의 원인을 파악하고 수정하는 것을 어렵게 만들고, 책임 소재를 불분명하게 한다. 따라서 AI 개발 단계에서부터 데이터의 다양성을 확보하고, 편향을 최소화하기 위한 노력이 필요하다. 또한 AI 알고리즘의 작동 방식을 투명하게 공개하고, 지속적인 모니터링과 평가를 통해 편향을 바로잡아야 한다.

AI 편향 문제는 단순히 기술적인 문제가 아니라, 사회 전체가 함께 고민하고 해결해야 할 과제다. AI가 인간 사회의 발전에 기여하기 위해서는 기술 개발과 함께 윤리적, 사회적 책임을 다하는 것이 중요하다. AI 개발자는 데이터 수집 및 가공 과정에서 편향을 최소화하기 위해 노력해야 하며, AI 알고리즘의 공정성을 검증하고 평가하는 시스템을 구축해야 한다. 또한 정부와 시민 사회는 AI 윤리에 대한 논의를 활성화하고 AI 규제 및 정책 개발에 참여해야 한다. AI 편향 문제는 기술 개발자와 사회 구성원 모두의 책임이며, 함께 노력해야 해결할 수 있는 문제다.

AI 편향이 만들어 낸 문제, 사례 분석

AI 편향은 이론적인 문제가 아니라 이미 우리 사회 곳곳에서 심각한 문제를 야기하고 있다. 채용, 금융, 사법, 의료 등 다양한 분야에 AI가 도입되면서, 편향된 데이터에 기반한 잘못된 판단으로 인해 개인과 사회에 큰 피해를 주는 사례가 발생하고 있다. 이러한 사례들은 AI 기술의 발전과 함께 윤리적 문제에 대한 심각한 고민이 필요함을 시사한다. 실제 사례를 분석하면 다음과 같다.

채용 분야

아마존의 채용 AI가 여성 지원자의 이력서를 차별하는 문제가 발생했다. 이는 과거 남성 중심의 채용 데이터를 학습한 결과로, 여성 지원자의 특정 단어 사용을 감점 처리했다. 이는 AI가 과거의 차별적인 관행을 학습하고 재생산할 수 있음을 보여 주는 대표적인 사례다(김일우, 2024).

금융 분야

신용 평가 AI는 특정 인종이나 지역 출신에게 불리한 평가를 내리는 경우가 있다. 이는 과거 대출 데이터에 반영된 차별적인 관행을 학습한 결과로, 금융 접근성을 제한하고 경제적 불평등을 심화시킬 수 있다. AI가 금융 분야에서 편향된 판단을 내리는 것은 개인의 경제적 기회를 제한하고 사회적 불평등을 심화시키는 심각한 문제다 (Barocas & Selbst, 2016).

교육 분야

교육용 AI는 특정 사회경제적 배경의 학생들에게 유리한 방향으로 학습 자료나 평가 기준을 설정할 수 있다. 이는 AI가 학습 데이터에 포함된 사회적 편견을 반영해 교육 기회의 불균형을 심화시킬 수 있음을 보여 준다. 예를 들어 특정 지역이나 계층의 학생들에게 익숙한 예시나 문제 유형을 중심으로 학습 자료가 구성될 경우, 다른 배경의 학생들은 불리한 위치에 놓일 수 있다(Baker, 2016).

사법 분야

재범 위험 예측 AI는 흑인 피고인에게 더 높은 위험 점수를 부여하는 경향을 보인다. 이는 과거 범죄 데이터에 반영된 인종적 편견을 학습한 결과로, 사법 시스템의 공정성을 훼손할 수 있다. AI가 사법 분야에서 편향된 판단을 내리는 것은 개인의 자유와 권리를 침해하고 사법 시스템의 신뢰성을 떨어뜨리는 심각한 문제다(ProPublica, 2016).

의료 분야

의료 진단 AI는 특정 인종이나 성별의 환자에게 잘못된 진단을 내리는 경우가 있다. 이는 학습 데이터의 다양성 부족으로 인해 발생하며, 환자의 생명과 건강에 심각한 위협을 가할 수 있다. AI가 의료 분야에서 편향된 판단을 내리는 것은 환자의 생명과 건강을 위협하고 의료 시스템의 신뢰성을 떨어뜨리는 심각한 문제다(Buolamwini & Gebru, 2018).

예술 분야

AI 기반 이미지 생성 도구는 학습 데이터에 포함된 특정 문화적 편견을 반영해 이미지를 생성할 수 있다. 예를 들어, '성공한 사업가' 이미지를 생성할 때, AI는 백인 남성의 이미지를 우선적으로 생성하는 경향을 보일 수 있다. 이는 AI가 특정 인종이나 성별에 대한 고정관념을 강화하고 예술적 표현의 다양성을 제한할 수 있음을 보여 준다(Birhane et al., 2021).

AI가 인간의 윤리적 기준(선과 악, 아름다움과 추함)을 판단할 수 있는가?

AI는 방대한 데이터를 학습하고 복잡한 연산을 수행할 수 있지만, 인간의 윤리적 기준을 완벽하게 이해하고 판단할 수 있을까? 선과 악, 아름다움과 추함은 인간의 역사와 문화, 가치관에 따라 변화하고 다양하게 해석되는 복잡한 개념이다. AI가 이러한 복잡성을 이해하고 인간의 윤리적 기준을 따라 판단하는 것은 매우 어려운 과제다. AI가 인간의 윤리적 기준을 판단하는 것은 인간의 존엄성을 침해하고 사회적 혼란을 야기할 수 있는 위험한 시도다.

AI는 학습 데이터를 기반으로 패턴을 인식하고 예측하는 능력이 뛰어나지만, 인간의 감정과 가치관을 완벽하게 이해하기는 어렵다. 예를 들어 AI는 예술 작품의 아름다움을 판단할 수 있지만, 그 아름다움이 인간에게 주는 감동이나 의미를 완전히 이해할 수는 없다. 또한 AI는 법률과 윤리 규범을 학습하고 판단할 수 있지만, 인간의 상황과 맥락을 고려해 유연하게 적용하기는 어렵다.

AI가 인간의 윤리적 기준을 판단하는 것은 위험할 수 있다. AI는 학습 데이터에 반영된 편향이나 오류를 그대로 답습할 수 있으며, 이는 잘못된 판단으로 이어질 수 있다. 또한 AI의 판단은 인간의 다양성과 창의성을 제한하고, 획일적인 사회를 만들 수 있다. 따라서 AI는 인간의 윤리적 판단을 보조하는 도구로 활용되어야 하며, 최종적인 판단은 인간이 내려야 한다.

AI 윤리 문제는 기술 개발과 함께 중요한 과제다. AI 개발자는 윤리적 책임을 가지고 AI를 개발하고 활용해야 하며, 사회는 AI 윤리에 대한 충분한 논의와 합의를 통해 AI가 인간 사회에 긍정적인 영향을 미칠 수 있도록 노력해야 한다. AI 윤리 문제는 기술 개발자와 사회 구성원 모두의 책임이며, 함께 노력해야 해결할 수 있는 문제이다. AI 윤리 문제는 단순히 기술적인 문제가 아니라, 인간의 존엄성과 사회적 가치를 지키기 위한 중요한 문제다(Floridi, 2014).

AI가 인간을 평가하는 시대, 인간은 무엇을 해야 하는가

AI 기술의 발전으로 AI가 인간을 평가하는 시대가 도래하고 있다. 채용, 금융, 교육, 사법, 의료, 예술 등 다양한 분야에서 AI가 인간의 능력을 평가하고 판단하는 데 활용되고 있다. 이러한 변화는 인간에게 새로운 기회와 위협을 동시에 제공한다. 인간은 AI 시대에 적응하고 AI와 공존하기 위해 어떤 노력을 해야 할까? AI가 인간을 평가하는 시대는 인간의 능력을 객관적으로 평가하고 효율성을 높일 수 있는 기회를 제공하지만, 동시에 인간의 존엄성을 침해하고 사회적 불평등을 심화시킬 수 있는 위협을 안고 있다.

AI 시대에 인간은 AI가 대체할 수 없는 고유한 능력을 개발해야 한다. 창의성, 공감 능력, 문제 해결 능력, 비판적 사고 능력 등은 AI가 따라 할 수 없는 인간의 강점이다. 또한 인간은 AI 기술을 이해하고 활용하는 능력을 키워야 한다. AI 기술에 대한 이해는 AI 시대에 적응하고 AI와 협력하는 데 필수적이다. AI 기술의 작동 원리와 한계를 이해하고, AI를 효과적으로 활용하는 방법을 익혀야 한다. AI 기술을 통해 생산성을 높이고 새로운 가치를 창출할 수 있도록 AI 활용 능력을 개발해야 한다.

AI 시대에 인간은 윤리적 가치관을 확립하고 AI 윤리에 대한 사회적 논의에 적극적으로 참여해야 한다. AI 기술의 발전은 윤리적 문제를 야기할 수 있으며, 인간은 AI 시대의 윤리적 기준을 정립하고 AI를 책임감 있게 사용해야 한다. AI 알고리즘의 공정성과 투명성을 확보하고, AI의 오남용을 방지하기 위한 윤리적 가이드라인을 마련해야 한다. 또한 인간은 AI 시대의 변화에 유연하게 대처하고 새로운 기술과 지식을 습득하는 노력을 게을리하지 않아야 한다. AI 기술은 빠르게 발전하고 있으며, 인간은 변화하는 환경에 적응하고 새로운 기술을 습득해야 한다. 평생 학습을 통해 새로운 지식과 기술을 습득하고, AI 시대에 필요한 역량을 강화해야 한다.

AI 시대는 인간에게 새로운 도전과 기회를 제공한다. 인간은 AI와 협력하고 공존하며, AI 기술을 통해 더 나은 미래를 만들어 갈 수 있다. 인간은 AI 시대에 적응하기 위해 끊임없이 배우고 성장해야 하며, AI 기술을 인간의 삶을 풍요롭게 하는 도구로 활용해야 한다. AI 시대는 인간에게 새로운 가능성을 열어 주는 시대이며, 인간은 AI와 함께 더 나은 미래를 만들어 갈 수 있다. AI 시대는 인간과 AI의 협력이 필수적인 시대이며, 인간은 AI를 통해 더 나은 미래를 만들어 갈 수 있다. 인간은 AI 기술을 통해 생산성을 높이고 새로운 가치를 창출할 수 있으며, AI는 인간의 삶을 더욱 편리하고 풍요롭게 만들 수 있다(Bostrom, 2014).

참고문헌

김일우(2024). 고위험 인공지능시스템의 차별에 관한 연구. 서강대학교 법학연구소.

Baker, R. S.(2016). Stupid tutoring systems, intelligent humans. *International Journal of Artificial Intelligence in Education*, 26(2).

Barocas, S., & Selbst, A. D.(2016). Big data's disparate impact. *California Law Review*, 104(3), 671–732.

Birhane, A. et al.(2021). Large Image Datasets: A Pygmalion Effect? Proceedings of the 2021 ACM Conference on Fairness, Accountability, and Transparency (FAccT '21).

Bostrom, N.(2014). *Superintelligence: Paths, Dangers, Strategies.* Oxford University Press.

Buolamwini, J. & Gebru. T.(2018). *Gender Shades: Intersectional Accuracy Disparities in Commercial Gender Classification. Fairness, Accountability and Transparency.*

Crawford, K. & Paglen, T.(2019). *The Hidden Biases in Facial Recognition.*

Floridi, L.(2014). *The Fourth Revolution: How the Infosphere is Reshaping Human Reality.* Oxford University.

Naseh, A. et al.(2025). RS-Corrector: Correcting the Racial Stereotypes in Latent Diffusion Models. *ICLR 2025.*

Pente, P. & Adams, C.(2023). AI in the posthuman art classroom. *The Canadian Art Teacher / Enseigner les arts au Canada*, 19(2), 20–25.

ProPublica(2016). *Machine Bias: There's Software Used Across the Country to Predict Future Criminals, and It's Biased Against Blacks.* ProPublica Report.

07
기술 발전과 인간의 윤리적 책임

기술 발전과 AI의 확산은 삶의 혁신을 가져왔지만 동시에 윤리적 책임이라는 과제를 던지고 있다. AI가 인간처럼 판단하고 창작하는 시대에, 인간 고유의 가치와 책임은 더욱 중요해졌다. 이 장에서는 AI 의사 결정에 따른 인간의 윤리적 책임, 국내외 법적 규제 사례, 그리고 인간과 AI의 조화로운 공존을 위한 철학적 원칙들을 다룬다.

AI와 윤동주?

기술 진보가 불러온 윤리적 문제들

AI 기술의 급속한 발전은 생활의 질을 크게 향상시켰으나, 개인정보 침해, 노동 시장 변화, 알고리즘 편향성 등 윤리적 문제도 함께 증가했다.

첫째로, 개인정보 침해 문제가 가장 심각하다. 글로벌 IT 기업들은 사용자의 데이터를 무분별하게 수집하고 활용해 프라이버시를 위협하고 있다(유네스코, 2024). 페이스북의 케임브리지 애널리티카 사건은 수백만 명의 개인정보가 정치적 목적에 악용된 대표적 사례다(Russell, 2019). 국내에서도 카카오톡의 개인정보 무단 활용 사건이 사회적 비난을 받았다(김경일, 2020). 최근에는 AI 챗봇 서비스들이 이용자와의 대화 데이터를 훈련에 활용하는 방식이 논란이 되며, 이용자 동의와 투명한 데이터 활용 절차에 대한 요구가 높아지고 있다. 또한 AI 기반 감시 시스템이 공공 및 민간 영역에서 확산되며 개인의 자유와 프라이버시가 점점 침해되고 있다는 비판도 증가하고 있다.

둘째로, 노동 시장 변화는 심각한 사회 문제로 대두되고 있다. 제조업과 서비스업의 자동화로 인해 많은 노동자들이 실직 위기에 처하며 경제적 양극화가 심화되고 있다(OECD, 2019). 특히 단순 반복 업무, 물류, 콜센터,

운송 등의 분야에서 사람을 대체하는 AI 시스템 도입이 급증하고 있으며, 국내 주요 기업들도 자동화 설비 도입으로 고용 불안을 초래하고 있다. 특히 중소기업과 자영업자에게는 디지털 전환이 기술적 · 재정적 부담으로 작용하며, 노동의 가치와 인간의 역할에 대한 근본적 성찰을 요구하고 있다.

셋째로, AI 알고리즘의 편향성 문제는 사회적 불공정을 심화시키고 있다. AI는 과거 데이터에 존재하는 편견과 차별을 그대로 학습해 특정 인종이나 성별에게 불리한 결정을 내리는 경우가 많다(O'Neil, 2016). 미국 금융기관의 신용 평가 시스템과 아마존의 채용 시스템 사례는 AI 편향성이 실제로 얼마나 심각한 결과를 초래할 수 있는지 보여 준다(NIST, 2023). 국내에서도 일부 대형 포털의 뉴스 추천 알고리즘이 특정 정치 성향을 강화하거나, 쇼핑몰의 상품 추천 알고리즘이 고정관념을 반영한다는 비판이 제기되고 있다. 이는 AI 개발 시 데이터 수집과 학습 모델 설계 단계에서 공정성과 다양성이 얼마나 중요한지를 시사한다.

AI 의사 결정과 인간 책임: 구체적 사례 분석

AI 기술의 보급은 의사 결정 과정에서 책임 소재를 모호하게 만든다. 테슬라의 자율주행 차량 사고(2021)는 AI 시스템의 오류에 따른 법적 · 사회적 논란을 야기했으며, 책임 소재가 불분명한 현실을 명확히 드러낸다(Russell, 2019). 미국 금융기관의 AI 신용평가 시스템, 아마존 AI 채용 시스템 사례 역시 인간의 윤리적 감독의 중요성을 강조하는 대표적 예다.

특히 미국에서 개발된 AI 피부암 진단 시스템은 데이터 다양성이 부족하여 어두운 피부 톤을 가진 환자의 진단 정확도가 크게 떨어지는 심각한 의료적 피해를 초래했다(Tegmark, 2017). 이러한 사례들은 AI 시스템 설계와 운영 과정에서 인간의 지속적이고 철저한 윤리적 개입이 필요하다는 것을 보여 준다. 문제는 단지 기술적 오류에 그치지 않고, 사회적 불신과 제도적 공백을 야기한다는 점이다.

또한 금융, 의료, 공공 행정 등 다양한 분야에서 AI가 도입되면서, 결과에 대해 누가 최종 책임을 지는가에 대한 법적 · 윤리적 공백이 커지고 있다. 예를 들어, AI가 자동으로 환자의 진료 우선순위를 결정하거나, 대출 심사를 수행하거나, 범죄 예측 시스템을 통해 경찰 배치를 결정하는 등 점점 더 중요한 결정을 내리고 있다. 이러한 경우, 인간이 얼마나 개입할 수 있는지, 또 그 개입이 실질적 책임으로 이어지는지에 대한 논의가 필요하다.

윤리적 AI 개발을 위한 글로벌 기준과 법적 규제

AI 기술의 윤리적 활용을 위해 국제적으로 활발한 논의와 법적 규제가 이루어지고 있다. 유럽연합(EU)의 AI 법은 AI 시스템을 위험성에 따라 분류하고, 위험 수준이 높은 시스템에 엄격한 기준을 적용하고 있다. 예를 들어 생체 인식 기술, 신용 평가, 채용, 감시 시스템은 '고위험'으로 분류되어 투명성, 설명 가능성, 인간 감독 의무 등이 강제된다.

OECD는 AI 윤리 원칙을 제정하여 국제 사회가 공통적으로 준수할 윤리 기준을 제시하고 있으며, 미국은 AI 위험 관리 프레임워크(AI Risk Management Framework)를 통해 윤리적 위험을 관리하는 지침을 제공하고 있다. 일본은 'AI 윤리 지침'을 통해 기업의 자율적 책임을 강화하고 있으며, 중국 역시 사회 안정을 위해 AI 콘텐츠 규제를 엄격히 시행 중이다.

한국에서는 2022년 '디지털 플랫폼 정부' 선언 이후, 개인정보보호법 개정과 AI 윤리 가이드라인 정비 등 제도적 기반 강화가 이루어지고 있다. 과학기술정보통신

부는 AI 윤리 헌장을 발표하였고, 개인정보보호위원회는 AI 개발 · 운영 단계별 개인정보 영향 평가제를 추진 중이다. 다만 실제 법제화는 여전히 초기 단계에 머물러 있어 사회적 합의와 실효성 확보가 과제로 남아 있다.

또한 최근에는 '휴먼인더루프(Human-in-the-loop)' 원칙이 국제 사회에서 강조되고 있다. 이는 AI 시스템이 최종 결정을 내리는 과정에서 반드시 인간이 개입해야 한다는 철학적 · 실천적 원칙으로, 독일과 프랑스 등은 공공 부문 AI 사용 시 이를 법제화하고 있다. 이는 기술적 효율성과 인간 중심 가치를 동시에 지키기 위한 새로운 방향으로 주목받고 있다.

AI 기술의 글로벌 특성상, 국가별 개별 규제만으로는 한계가 있다. 다국적 기술 기업들은 국경을 넘어 데이터를 수집하고 서비스를 제공하며, 다양한 법률 체계를 우회할 수 있기 때문이다. 이에 따라 국제기구 중심의 AI 거버넌스 체계 마련이 요구된다. 유엔 인권이사회는 AI의 인권 침해 가능성을 경고하며, 글로벌 윤리 원칙 제정을 촉구하고 있다.

캐나다의 AIDA 법안은 AI 시스템에 대한 투명성과 공정성을 제도화하려는 노력의 일환이며, 이는 국제적인 협력 모델로 확장될 가능성이 있다. OECD와 UNESCO

는 AI 윤리에 대한 공동 가이드라인을 제시하며, 국제 사회가 함께 지켜야 할 최소 기준을 마련하고 있다.

인간과 AI 공존을 위한 철학적 · 윤리적 원칙들

인간과 AI의 성공적 공존을 위해 명확한 철학적 · 윤리적 원칙이 필요하다. 첫째, AI 개발과 활용은 인간 존엄성과 기본권 보호를 최우선으로 해야 한다(김경일, 2020). 둘째, AI 시스템은 투명성과 이해 가능성을 갖추어야 하며, 일반 사용자도 그 판단 과정을 이해할 수 있어야 한다. 셋째, 사회적 약자 보호와 공정성을 중심으로 AI 시스템을 설계해야 한다. 마지막으로, AI 개발과 사용은 협력과 연대 정신에 기반하여 사회 전체의 공익을 추구해야 한다.

또한 AI 시대에 휴먼 인사이트가 무엇보다 중요하다. 휴먼 인사이트란 인간 고유의 감정, 공감, 직관, 창의성, 메타인지 등을 포함하며, 이는 AI가 모방할 수 없는 인간만의 강력한 차별화 요소다. 기술이 정량적 · 논리적 문제 해결에 능하다면, 인간은 맥락을 이해하고 가치 판단을 내리는 데에 강점이 있다. 인간다움은 단지 기술의 빈자리를 채우는 보조 요소가 아니라, AI 시대를 견인할 핵심 역량이다.

소상공인 컨설팅과 온라인 홍보 마케팅 분야의 전문가로서 필자는 "검색되지 않으면 존재하지 않는다"는 디지털 시대의 현실을 직시하고, AI를 전략적으로 활용하는 동시에 윤리적 책임을 잊지 않는 것이 중요하다고 강조한다.

특히 중소기업, 자영업자, 창작자 들이 AI 기술에 종속되지 않고 이를 파트너로 삼을 수 있도록 윤리적 기준과 디지털 리터러시 교육이 병행되어야 한다. 더 나아가, 소비자 관점에서도 AI 기반 정보에 대한 비판적 수용 태도, 즉 디지털 시민 의식이 필수적으로 요구된다.

기업과 사용자는 AI의 가능성을 활용하되, 인간 중심의 판단과 공동체적 책임 의식을 기반으로 AI를 운영해야 한다. 인간과 AI가 서로 협력하여 지속 가능한 미래를 만들어 가는 것이야말로 우리가 추구해야 할 궁극적 목표다.

참고문헌

김경일(2020). 『지혜의 심리학』. 진성북스.

유네스코(2024). 『유네스코 AI 윤리 가이드라인』. 유네스코 출판부.

중국 정부(2023). 『중국 AI 규제 정책』. Beijing: 중국 정부 출판사.

캐나다 정부(2023). 『AIDA 법안 초안』. 캐나다 의회 출판.

NIST(2023). *NIST AI Risk Management Framework*. National

Institute of Standards and Technology.

OECD(2019). *OECD AI Principles.* OECD Publishing.

O'Neil, C.(2016). *Weapons of Math Destruction: How Big Data Increases Inequality and Threatens Democracy.* Crown Publishing Group.

Russell, S.(2019). *Human Compatible: Artificial Intelligence and the Problem of Control.* Viking.

Rights Council(2023). *The Right to Privacy in the Digital Age.* OHCHR.

Tegmark, M.(2017). *Life 3.0: Being Human in the Age of Artificial Intelligence.* Alfred A. Knopf.

08
AI 시대의 기술 격차, 인간의 대응 전략

인공지능은 세상을 빠르게 바꾸고 있다. 하지만 이 변화가 모두에게 같은 기회를 주는 것은 아니다. 어떤 사람들은 AI 덕분에 더 많은 정보와 자원을 얻게 되지만, 다른 사람들은 그 속도를 따라가지 못한다. 이처럼 AI는 새로운 '기술 격차'를 만들어 낸다. 문제는 이 격차가 단지 기술을 몰라서 생기는 차이가 아니라, 사회 전체의 구조적인 불평등과 연결되어 있다는 점이다.

AI와 한의학?

기술 격차의 본질: 세대·계층·국가 간 간극

기술 격차는 다양한 형태로 나타난다. 특히 세대 간, 계층 간, 그리고 국가 간의 차이로 나타나며, 이는 단순한 기술 숙련도의 차이를 넘어서 사회적 불평등을 고착화하는 중요한 요소가 된다.

우선 세대 간 격차가 대표적이다. 디지털 환경에 익숙한 청년층은 AI나 데이터 기반 기술을 쉽게 다룰 수 있다. 이들은 스마트폰, 인터넷, 앱 사용에 능숙하며, 새로운 기술도 비교적 빠르게 습득한다. 그러나 고령층은 다르다. 60대 이상은 디지털 기기 사용에 익숙하지 않으며, 기술 변화 속도를 따라가지 못하는 경우가 많다. 스마트폰 조작이나 앱 설치, 온라인 정보 검색 등 일상적인 디지털 활동에서도 어려움을 느끼고 있다. 급격히 증가하고 있는 AI 활용 역시 쉽게 접근하기가 어렵다. 이러한 디지털 소외와 격차는 병원 예약, 금융 업무, 정부 서비스 이용 등 기본적인 사회 참여 기회조차 제한할 수 있다(한국지능정보사회진흥원, 2020).

계층 간 격차는 경제적 배경과 밀접하게 연결되어 있다. 저소득층은 최신 기기를 구매하거나 안정적인 인터넷 환경을 갖추기 어렵고, AI나 디지털 기술에 대한 교육 기회 또한 제한적이다. 반면 고소득층은 자녀에게 사교육을 통해 코딩, 로봇, AI 관련 교육을 일찍부터 제공하며, 체험 캠프나 연구 프로그램 참여 기회도 많다. 이로 인해 어릴 때부터 축적되는 디지털 역량 차이는 고등 교육, 진로 선택, 직업 경쟁력에서 뚜렷한 격차로 나타난다. 결과적으로 이러한 격차는 삶의 기회를 결정짓는 중요한 변수로 작용한다(한국지능정보사회진흥원, 2024).

국가 간 격차도 기술 격차의 큰 축이다. 선진국들은 AI 연구 개발에 막대한 자원을 투자하고, 교육 시스템이나 산업 생태계도 AI 친화적으로 정비되어 있다. 반면 개발도상국은 디지털 인프라 부족, 전문 인력 양성의 어려움, 기술 수입 의존 등으로 AI 활용 능력이 현저히 낮다. 이러한 기술력의 격차는 국제 경쟁력의 차이로 이어지며, 글로벌 경제 질서 내에서의 위상에도 직접적인 영향을 미친다. 특히 데이터 주권이나 AI 윤리 기준 설정에서도 선진국 중심의 편향이 생겨날 수 있다. 기술 격차는 곧 정보 격차, 주권 격차로 이어질 수 있다는 점에서 국가 간 AI 역량의 불균형은 심각한 문제가 아닐 수 없다(UNESCO, 2021).

기술 격차의 사회적 파장

AI 격차는 노동, 교육, 복지 등 사회 전반에 깊은 영향을 미친다. 이는 단순히 기술을 누가 잘 다루느냐의 문제가 아니라, 사회 구조와 제도 전반의 형평성과도 밀접하게 연결된다.

대표적인 예는 노동 시장의 변화다. AI는 반복적인 업무를 빠르게 처리할 수 있기 때문에, 제조업, 콜센터, 물류 분야에서는 인간의 일자리를 빠르게 대체하고 있다. 이로 인해 단순 업무에 종사하는 계층은 고용 불안에 시달리고 있다. 반면 AI 관련 기술을 다룰 수 있는 사람들은 오히려 새로운 일자리를 얻고 있다. 기술을 잘 아는 사람에게는 기회가 되지만, 기술 격차가 있는 사람에게는 위기로 다가온다(Goover, 2025).

교육 분야도 비슷하다. AI 튜터처럼 개인 맞춤형 학습 시스템은 교육의 질을 높일 수 있다. 그러나 이 역시 기기와 인터넷 환경이 필요하므로, 저소득층 가정의 학생들은 소외될 수 있다. 코로나19 당시 원격 수업으로 인해 학습 결손이 생긴 저소득층 학생들이 많았다는 점이 이를 증명한다(한국지능정보사회진흥원, 2024).

교육 격차는 단순히 성적의 차이를 넘어, 진로와 자존감에까지 영향을 미친다. AI 환경에 익숙한 학생은 창의적으로 문제를 해결하려는 경향이 있지만, 그렇지 않은 학생은 위축되기 쉽다.

복지 측면에서도 디지털 격차는 문제다. 공공 서비스가 디지털화되면서 스마트폰이나 인터넷 사용이 익숙하지 않은 사람은 병원 예약이나 민원 신청 등 기본적인 서비스 이용에 어려움을 겪는다. 이처럼 AI를 포함한 디지털 기술을 사용할 수 있느냐 없느냐가 복지 수준을 좌우하는 사회가 되고 있다.

AI 리터러시의 중요성과 교육 전략

기술 격차를 줄이기 위해 가장 중요한 것은 'AI 리터러시'를 높이는 일이다. AI 리터러시(AI literacy)는 AI가 무엇인지 알고, 어떤 방식으로 정보를 처리하는지 이해하며, AI가 만든 결과물을 맹신하지 않고 따져 보는 힘, 그리고 그것을 나의 일이나 생활에 똑똑하게 써먹을 줄 아는 능력이다. 이는 단순히 기술을 사용하는 능력을 넘어, AI의 원리를 이해하고, 그것이 사회에 미치는 영향을 성찰하며, 결과를 비판적으로 수용하는 능력을 포함한다(Long & Magerko, 2020).

리터러시가 부족하면 기술을 맹신하거나, 편향된 알고리즘에 의존하는 문제가 발생할 수 있다. 실제로 많은 사람이 AI가 추천한 정보를 절대적인 진실로 받아들이는 경우가 있으며, 이는 편향된 사고나 잘못된 결정으로 이어질 수 있다.

AI 리터러시를 높이기 위해서는 다음과 같은 교육 전략이 필요하다.

첫째, 초·중등 교육에 AI 개념과 데이터 윤리를 포함해 학생들이 기술을 이해하고 비판적으로 접근하도록 해야 한다. 프로젝트형 수업으로 문제 해결력과 협업 능력도 함께 기를 수 있다.

둘째, 성인을 위한 평생교육 체계를 강화해 중장년층도 AI를 실생활에 활용할 수 있도록 해야 한다. 시민대학이나 평생학습관에서 접근하기 쉬운 강좌를 제공하면 효과적이다.

셋째, 도서·저소득 지역에 '찾아가는 AI 교실'이나 원격 교육 시스템을 마련해 정보 접근 격차를 줄여야 한다. 지역 거점 시설과 협력하여 무료 체험 공간을 제공하고, 디지털 멘토를 양성해 교육 사각지대를 해소할 수 있다.

이러한 전략은 단순한 교육이 아니라 사회적 포용을 위한 기반이 된다. AI 리터러시는 개인의 삶을 풍요롭게 하고, 기술 사회에서의 권리와 책임을 실현하는 도구다. 지금 당장 국가와 사회가 함께 나서서 국민 전체의 AI 역량을 높여야만 한다.

인간 중심의 정책과 사회적 포용

기술 격차를 줄이는 데에는 교육만큼이나 정책도 중요하다. 단순한 복지 차원의 접근이 아니라, 포용적인 사회를 위한 '기회 설계'가 필요하다. 이는 사회 전반에 걸쳐 다양한 제도적 장치를 마련하고, 기술의 확산이 소외를 낳지 않도록 공공의 역할을 강화하는 것을 의미한다. 교육과 더불어 정책은 기술 불평등을 구조적으로 해소할 수 있는 가장 효과적인 수단 중 하나다.

첫째, 공공 와이파이 확대와 디지털 인프라 구축은 기술 접근성의 기본이다. 특히 농어촌, 도서 산간 지역 등 디지털 소외 지역에 고속 인터넷망과 공공 와이파이를 확충하여, 누구나 온라인 정보에 접근할 수 있도록 해야 한다. 공공도서관, 주민센터, 복지관, 학교 등 생활 기반 시설에 AI 체험 기기를 배치하고, 이용자 교육을 함께 제공하는 것도 효과적이다. 공공기관 내에서는 AI 관련 정보와 서비스를 쉽게 활용할 수 있도록 무료 AI 교육, 디지털 상담 창구 등을 마련해야 한다. 다만 공공의 무료 교육은 시장을 해하지 않는 방향으로 나갈 필요가 있다.

둘째, 취약 계층에게 실질적인 직업 역량을 강화할 수 있는 AI 관련 직업 훈련과 취업 연계를 적극 지원해야 한다. 이를 위해 직업훈련기관과 민간 기업, 대학 간 협업

체계를 구축하고, 맞춤형 훈련 프로그램을 운영할 필요가 있다. 예를 들어, 청년층에게는 AI 코딩 · 데이터 분석 실무 교육을, 중장년층에게는 AI 도구 활용법과 협업 능력을 중심으로 한 직무 재설계형 훈련을 제공할 수 있다. 이와 함께 AI 기술 기반의 신산업 분야에서 일자리를 연계해 주는 고용 플랫폼을 활성화하고, 구직자에게는 수료 후 인턴십, 멘토링, 창업 지원 등 후속 연계 서비스를 제공해야 한다.

셋째, 기술 설계와 개발 단계에서부터 다양성과 포용성을 반영하는 것이 중요하다. 현재 대부분의 AI 기술은 젊은층, 건강한 사용자, 표준어 사용자 중심으로 설계되어 있어, 고령자, 장애인, 비표준 언어 사용자 등은 배제되기 쉽다. 예를 들어, 음성 인식 AI는 다양한 억양, 발음, 언어 방식을 인식할 수 있어야 하며, 시각 · 청각 장애인을 위한 보조 기술, 텍스트 기반 인터페이스 등도 함께 개발되어야 한다. 다양한 문화적 배경과 사회적 정체성을 존중하는 알고리즘 설계가 필요하며, 이러한 포용성 있는 기술이야말로 지속 가능한 사회를 만드는 기반이 된다(Nissenbaum, 2010).

이처럼 정책은 단순한 기술 확산을 넘어서, 사람 중심의 기술 생태계를 만드는 도구가 될 수 있다. 기술이 모두를 위한 것이 되기 위해서는 정부의 선제적 개입과 사회적 합의에 기반한 제도 설계가 필수적이며, 이는 결국 기술 민주주의 실현과 직결된다.

모두를 위한 AI 기본사회를 위하여

기술은 그 자체로 중립적이다. 하지만 그것이 누구에게 혜택을 주고, 누구를 배제하느냐는 사회의 결정이다. 기술 격차는 그냥 두면 점점 커진다. 반면 정책과 교육, 사회적 의지가 함께한다면 줄일 수 있다.

AI 시대는 인간이 기술을 따라잡는 시대가 아니라, 기술이 인간을 도와야 하는 시대여야 한다. 기술을 이해하는 인간, 그리고 인간을 존중하는 기술이 만나는 사회가 우리가 추구해야 할 미래, 즉 AI 기본사회다.

참고문헌

한국지능정보사회진흥원(2020). 『2020 디지털정보격차 실태조사 보고서』, 과학기술정보통신부.

한국지능정보사회진흥원(2024). 『2023 디지털정보격차 실태조사 보고서』, 과학기술정보통신부.

Goover(2025). AI의 시대, 노동 시장의 변화와 우리의 대처 방안.

Long, D., & Magerko, B.(2020). What is AI literacy? Competencies and design considerations. In Proceedings of the 2020 CHI Conference on Human Factors in Computing

Systems(pp. 1–16).
https://dl.acm.org/doi/10.1145/3313831.3376727
Nissenbaum, H.(2010). *Privacy in context: Technology, policy, and the integrity of social life*, Stanford University Press.
UNESCO(2021). Reimagining our futures together: A new social contract for education, Paris: UNESCO.

09

인간과 AI의 공존 조건

인공지능의 발전은 인간 사회 전반에 걸쳐 혁신을 이끌고 있지만, AI와 인간이 공존하기 위해서는 다양한 조건이 충족되어야 한다. 단순히 기술적 진보를 이루는 것이 아니라, 윤리적 · 사회적 · 철학적 측면에서 AI를 수용하고 조정할 수 있는 기반이 마련되어야 한다. 본 장에서는 인간과 AI가 공존하기 위한 핵심 조건을 분석하고, 인간 중심적 미래를 향한 방향성을 제시한다.

AI와 화장품?

글로벌 협력을 통한 AI 규제와 공존 전략

AI 기술은 국경을 초월해 확산되며, 그로 인한 사회적 영향은 특정 국가나 산업에 국한되지 않는다. 그러나 기술의 속도에 비해 제도적 · 윤리적 대응은 여전히 분절적이고 후행적이다. 이러한 상황에서 '공존'의 개념은 단순한 규제를 넘어선다(이은영 · 황소영, 2024). 인간과 AI가 충돌하지 않기 위해서는 기술이 인간의 윤리와 가치를 존중하고, 인간은 기술의 방향을 책임 있게 설계해야 한다.

AI가 사람을 모방하는 존재로 머무르지 않고, 인간과 협력하며 인간 사회의 질서를 유지하기 위한 동반자가 되기 위해서는 다음과 같은 공존 전략이 필요하다.

첫째, 기술의 윤리 내재화다. 모든 AI 시스템은 설계 초기 단계에서부터 윤리적 기준을 반영해야 하며, 인간 중심의 철학을 내포한 알고리즘 설계가 이루어져야 한다. 기술적 완성도보다 중요한 것은 인간을 위한 기술인가에 대한 자문이다.

둘째, AI에 대한 사회적 합의 형성이 필요하다. 기술이 인간의 삶에 미치는 영향은 직 · 간접적으로 매우 크므로, 특정 전문가 집단이 아닌 사회 전체의 목소리를 반영한 윤리적 기준과 제도 설계가 이루어져야 한다. 공론장을 통해 다양한 이해관계자의 참여를 유도하고, 사회적 수용성을 기반으로 한 방향 설정이 이루어져야 한다.

셋째, 인간의 역할을 재정립하는 교육적 접근이 필요하다. 공존은 AI의 사용법을 익히는 데 그치지 않는다. 인간 고유의 감정, 판단, 상호작용 능력을 기초로 하는 교육이 뒷받침되어야 하며, 인간이 기술보다 앞서 사고하고 설계할 수 있는 힘을 키워야 한다.

넷째, 투명성과 책임성의 확보다. AI가 결정하는 기준과 과정은 인간에게 명확히 설명 가능해야 하며, 오작동이나 윤리적 오류 발생 시 책임 소재를 분명히 해야 한다. 이를 위해서는 AI 설계자, 운영자, 사용자 모두에게 분명한 책임의 분배가 필요하다.

다섯째, 기술 독점의 분산과 공유 가치 확산이다. 특정 기업이나 국가가 기술과 데이터를 독점하게 되면, 인간 사회의 다양성과 균형은 위협받을 수밖에 없다. 공공기술로서의 AI를 지향하고, 오픈소스와 공유 플랫폼 기반의 협력 모델을 확대해 나가야 한다.

AI는 단순한 기술이 아니라, 인간의 철학과 가치를 담아내는 새로운 존재다. 우리는 기술의 방향이 아닌, 그 기술이 어떤 인간을 지향하는지를 기준 삼아야 한다. 공존 전략이란 결국 인간이 스스로를 존중하고, 인간 사이의 관계를 재정의하는 과정과 맞닿아 있다.

인간과 AI의 상호 보완적 발전을 위한 모델 제시

인간과 AI의 공존은 단순히 '함께 존재하는 것'을 넘어서, 상호 보완적 관계를 형성하는 데 있다. 이는 기술이 인간의 노동과 판단을 대체하는 것이 아니라, 인간의 역량을 확장하고 인간 중심의 사회를 형성하는 데 기여하는 방향으로 설계되고 운영되어야 함을 뜻한다(유화선 외, 2024).

첫째, AI는 인간의 도구여야 한다. 인간의 의도를 반영하고, 인간의 결정을 보조하는 역할을 수행하는 데 집중해야 하며, 자율적으로 판단하는 존재가 아닌 협력자로 기능해야 한다. 특히 예술, 교육, 의료, 디자인 등 창의성과 감성이 요구되는 분야에서는 AI가 보조자 또는 영감의 촉매 역할을 수행해야 한다.

둘째, 인간 고유의 역량을 강화하는 AI 설계가 필요하다. 감정적 공감, 윤리적 판단, 직관적 사고는 여전히 인간의 고유 역량이다. AI가 이 영역을 모방하려 하기보다는, 인간이 보다 깊이 있는 사고를 할 수 있도록 환경을 마련하고 시간을 제공하는 존재가 되어야 한다. 예컨대 단순 반복 작업의 자동화는 인간이 창의적 문제 해결에 더 집중할 수 있게 해 준다.

셋째, 교육의 전환이 요구된다. AI를 사용하는 방법을 가르치는 것을 넘어서, AI와 협력할 수 있는 사고방식을 기르는 것이 중요하다. 창의성, 비판적 사고, 상상력, 윤리적 책임 등의 역량은 인간 고유의 것이며, 이러한 가치를 바탕으로 AI와 상호 보완적으로 작동할 수 있도록 교육 체계를 전환해야 한다.

넷째, 윤리적 설계와 사회적 책임을 기반으로 한 제도 정비가 필요하다. 인간과 AI가 공존하기 위해서는 인간의 생명과 존엄을 최우선으로 고려한 설계 원칙이 필요하며, AI로 인해 발생할 수 있는 사회적 갈등과 불평등을 최소화하기 위한 정책적 고려도 필요하다.

다섯째, '공존'의 목표는 인간의 삶의 질 향상이다. 기술이 중심이 아닌 인간이 중심이 되는 사회를 설계해야 하며, 이를 통해 AI는 인간의 자율성과 창조성을 지지하는 동반자가 될 수 있다.

결국 인간과 AI의 상호 보완적 발전이란, 기술이 인간을 닮아 가는 것이 아니라 인간이 기술을 어떻게 받아들이고 활용할지를 고민하는 데에서 출발한다. 공존의 핵심은 기술의 완성도가 아니라 인간의 방향성에 달려 있다(이은영 · 황소영, 2024).

인간과 AI 협력이 만들어 낼 미래 산업과 경제

AI와 인간이 협력하여 만들어 갈 미래 산업과 경제는 기존의 일자리를 단순히 대체하거나 파괴하는 것이 아니라, 새로운 가치 창출과 인간 중심의 혁신을 이끄는 방향으로 전개되어야 한다(뽀까 블로그, 2025). 산업 구조의 기술화뿐 아니라 인간 삶과 노동의 의미를 재정립하는 철학적 기반 위에서 이루어져야 한다.

첫째, 의료 산업의 전환이다. AI는 진단 보조, 맞춤형 치료, 영상 판독 등에서 정밀도와 효율성을 높일 수 있지만, 의료의 본질은 공감과 돌봄이다. AI는 의사의 직관을 보완하며 환자와의 교감을 위한 시간을 확보해 주는 동료 역할을 해야 하며, 환자를 단순한 데이터로 환원하지 않는 윤리적 설계가 필요하다.

둘째, 제조업의 인간화다. 스마트 공장, 협동 로봇, 예측 유지 보수 등 자동화 기술이 확산되면서 인간은 반복과 위험에서 벗어나 창의적 사고와 문제 해결에 집중하게 된다. AI는 도구로서 기능하며, 인간의 직관과 종합적 판단은 여전히 핵심 자산이다.

셋째, 지속 가능한 농업으로의 전환이다. AI는 기후

변화 대응, 정밀 농업, 자원 효율화 등을 통해 농업 리스크를 줄일 수 있다. 하지만 생태계에 대한 감각과 땅을 돌보는 책임은 인간 고유의 영역으로, 기술은 이를 보완하는 수단이 되어야 한다.

넷째, 교육의 개인화와 민주화다. AI는 학습 데이터를 바탕으로 맞춤형 교육을 가능하게 하고, 교사의 행정 부담을 줄여 상호작용에 집중할 수 있게 한다. 하지만 교육의 본질은 인간과 인간의 관계에 있으며, AI는 그 가능성을 확장하는 도구일 뿐이다.

다섯째, 경제 구조의 윤리적 설계가 필요하다. AI는 일자리를 창출하기도 하고 변화시키기도 한다. 이에 따라 인간 중심의 직무 재설계, 재교육, 기본소득제 등 포용적 시스템이 함께 구축되어야 한다.

결론적으로, AI와 인간의 협력은 단순한 기술 진보가 아니라 인간 삶의 질을 향상시키고 공동체의 지속 가능성을 보장하는 방향이어야 한다. 산업의 진화는 인간 소외가 아닌 인간 본질의 회복을 위한 계기가 되어야 한다(이은영 · 황소영, 2024).

AI 민주화의 본질적 질문: 누구를 위한 AI인가?

AI 민주화는 기술이 소수의 기업이나 계층에 독점되지 않고, 사회 전체가 공평하게 혜택을 누릴 수 있도록 해야 한다는 철학적 방향성을 의미한다. 이는 단순히 기술의 보급을 넘어서, 인공지능이 어떤 인간을 위한 도구가 되어야 하는지를 묻는 질문이다(한국리서치, 2021). 우리는 지금, AI가 누구를 위해 설계되고, 그것이 어떤 사회를 지향하는지를 깊이 성찰할 필요가 있다.

첫째, AI는 모두의 것이어야 한다. 기술이 특정 집단이나 기업의 이익만을 대변할 경우, 그것은 민주화된 기술이 아니다. AI는 누구나 접근할 수 있어야 하며, 그 혜택 또한 공정하게 분배되어야 한다. 이를 위해 디지털 격차 해소, 저비용 솔루션 보급, 공공 AI 프로젝트의 활성화가 필요하다.

둘째, AI는 인간의 다양성을 반영해야 한다. AI는 데이터를 기반으로 작동하며, 이 데이터는 인간의 편향을 내포할 수 있다. 따라서 문화적 다양성과 사회적 맥락을 고려하여 설계되어야 하며, 모든 인간의 존엄성과 권리를 인정하는 방향으로 작동해야 한다.

셋째, AI는 함께 만드는 기술이어야 한다. 오픈소스와 기술 협력은 AI 발전 속도를 높일 뿐 아니라, 다양한 주체들이 기술의 방향성에 참여할 수 있는 구조를 만든다. AI는 전문가 중심이 아닌 시민과 공동체가 참여하는 생태계에서 진화해야 한다.

넷째, 사회적 책임을 동반해야 한다. AI의 결정 과정은 투명해야 하며, 그 결과에 대한 책임은 명확히 규정되어야 한다. AI 기술의 개발과 운영 주체들은 사회적 영향에 대한 책임을 공유해야 하며, 규제는 인간의 권리를 보호하기 위한 최소한의 장치가 되어야 한다.

다섯째, AI 민주화의 궁극은 인간의 자기 성찰에 있다. 기술은 인간의 가치관에 따라 설계되고 사용된다. "누구를 위한 AI인가?"라는 질문은 곧 "우리는 어떤 인간으로 살고자 하는가?"라는 물음으로 이어진다. AI 시대는 기술보다 인간 자신을 성찰하는 시대가 되어야 한다.

AI 민주화는 단순한 기술 평등이 아니라, 인간 중심의 기술 철학이다. 그 철학이 공유될 때, AI는 인간을 위한 진정한 도구로 자리매김할 수 있다.

인간과 AI의 공존을 위하여

AI는 인간을 대체하는 존재가 아니라, 함께 미래를 만들어 가는 동반자다. 기술은 인간의 존엄성과 창의성을 보완하고 확장하는 수단이어야 하며, 우리가 어떤 기술을 만들고 어떻게 사용할 것인지에 따라 사회의 방향이 결정된다. 중요한 것은 기술 자체가 아니라, 그 기술과 더불어 우리가 어떤 인간으로 살아갈지를 고민하는 것이다. 이제 우리는 단순히 기술에 적응하는 것을 넘어, 기술의 의미와 방향을 주도할 책임 있는 존재로 거듭나야 한다. AI 시대의 진정한 중심은 여전히 인간 자신이다.

참고문헌

뻐까 블로그(2025). AI와 인간의 공존: 기술 발전과 사회적 수용의 조화. https://bbogga.com/72

유화선 외(2024). "인공지능 윤리." 『KISTI Issue Brief, 68:1-20』, 한국과학기술정보연구원. https://doi.org/10.22810/2024KIB068

이은영 · 황소영(2024). 『AI와 인간의 공존』, 커뮤니케이션북스.

한국리서치(2021). AI와 인간의 공존, 그리고 윤리성. 여론 속의 여론, https://hrcopinion.co.kr/archives/18188

Sisusatosi 블로그(2025). "AI와 인간의 공존이 가능한 최적의 방법은?" 『기술과 미래 사회 블로그』, https://sisusatosi.com/77

10
휴먼 인사이트의 길: 인간의 역할과 미래

AI 기술이 빠르게 일상을 바꾸고 있는 시대에 '무엇이 인간을 인간답게 하는가'라는 질문을 마주하게 된다. 이에 대해 인간은 계산의 정확성이나 속도의 효율보다는 의미를 찾고 관계를 잇는 존재로서 공동체 사회를 중심으로 공감한다는 것을 확인했다. 또한 인간 고유의 감정과 공감, 메타인지, 성찰, 관계 형성 능력 등을 '휴먼 인사이트'라는 개념으로 정리하고, 기술과의 조화 속에서 인간이 지켜야 할 가치와 역할을 탐색해 보았다.

종교와 AI?

인간다움의 재발견 : 감정, 공감, 그리고 의미

국내 한 대형 병원에서는 AI 진단 보조 시스템을 통해 흉부 엑스레이를 분석하고 질환 가능성을 제시한다. 하지만 의료진은 여전히 환자의 표정, 말투, 맥락을 종합해 최종 판단을 내린다. AI는 데이터를 분석할 수는 있지만, 환자의 마음까지는 읽지 못하기 때문이다. 이 장면은 인간과 AI의 본질적인 차이를 드러낸다. 기술은 빠르고 정확할 수 있으나, 맥락과 감정을 해석하는 데 있어 인간이 가진 직관과 공감 능력에는 미치지 못한다(Goleman, 1995).

기술이 인간을 닮아 가는 시대, 우리는 오히려 '무엇이 인간을 인간답게 만드는가'를 다시 묻게 된다. 예를 들어, 친구가 웃고 있을 때 우리는 단순히 그 표정을 '행복'이라 해석하지 않고, 그 웃음이 진심인지, 억지인지, 상황과 맥락을 통해 판단한다. 반면 AI는 표정의 데이터만을 분석할 수 있을 뿐, 그 이면에 담긴 감정의 층위까지는 읽어 내지 못한다. 마치 악보만 보고 음악을 상상할 수는 있어도, 그 음악이 어떤 감정으로 연주되는지를 느끼지 못하는 것과 같다. 인간은 감정을 느끼고, 그 감정을 서로 나누며 의미를 만들어 간다. 이는 단순한 생물학적 반응이 아니라, 상대방의 감정을 상상하고 이해하려는 공감의 능력에서 비롯된다. 공감은 관계를 맺고 유지하려는 태도이자, 타인과 감정을 주고받으며 더 나은 사회를 만들려는 인간의 본능에 가깝다. 이러한 공감의 과정 속에서 우리는 관계의 온도를 조절하고, 상황의 흐름을 읽으며, 의미 있는 선택을 하게 된다. 특히 우리는 언어 외적인 단서, 표정, 억양, 눈빛 등을 종합해 타인의 내면을 파악하고, 자신의 감정을 조절해 적절하게 반응하는 능력을 갖추고 있으며, 이 능력이 긴밀한 관계를 유지하는 데 결정적인 요소로 작용하게 된다.

반면에 AI는 반응은 할 수 있지만, 감정의 맥락을 해석하거나 공유하지는 못한다. 우리가 친구의 표정만 보고도 무언가 이상하다고 느끼는 것은 경험과 정서적 연습을 통해 형성된 인간 고유의 능력이다. 효율보다 관계, 정답보다 진심이 중요한 이유는 바로 이 지점에 있다. 결국 감정과 공감, 의미를 품은 존재로서의 인간다움은, 기술로는 대체할 수 없는 깊이 있는 차별성의 재발견이며, 그것이 우리가 미래에도 인간으로 존재해야 하는 이유다. 이처럼 감정은 단순한 심리 현상이 아니라 인간됨의 핵심이며, 공감 능력은 사회적 유대를 강화하는 핵심 도구로 작동한다.

성찰하는 존재 : 메타인지와 공동체의 힘

한 고등학생이 시험을 망친 후 "공부를 안 한 게 아니라, 안 되는 걸 알면서도 놓지 못했어요"라고 말했다. 이 말은 단순한 자기 고백을 넘어서, 자신의 판단과 행동을 성찰하는 능력을 보여 준다. 학생은 점수를 탓하지 않고, 자신의 선택을 되돌아보며 원인과 맥락을 해석하고 있다. 그 순간이 바로 성찰의 시작이자, 메타인지의 출발점이다(Flavell, 1979).

메타인지는 단순히 지식에 대해 생각하는 것을 넘어, 자신의 사고 과정을 점검하고, 실수의 원인을 파악하며, 앞으로 나아갈 방향을 설정하는 인간의 고유 능력이다. 우리는 무언가를 잘못했을 때 반성하고, 더 나은 선택을 하려고 노력한다. 이러한 능력은 인간만이 가진 자기 인식의 힘이며, AI는 단지 오류를 수정할 수 있을 뿐 스스로를 반성하거나 변화의 방향을 재설정하진 못한다. 이러한 자기반성은 단지 개인 차원에서 끝나지 않는다. 사회적 맥락에서도 인간은 끊임없이 자신을 타인의 시선과 가치 기준 속에서 성찰하며, 스스로의 위치를 재조정한다.

또한 인간은 공동체 안에서 살아가며, 자신의 말과 행동, 감정이 타인에게 어떤 영향을 미치는지를 고민한다.

공동체는 단순한 집합이 아니라, 서로를 이해하고 배려하며 관계를 맺는 과정 속에서 형성된다. 예를 들어 학교에서는 친구들과의 협업과 갈등을 통해 배려와 책임을 배우고, 가족 안에서는 서로의 감정을 보살피며 안정감을 느끼며, 온라인 커뮤니티에서는 공통의 관심사를 바탕으로 익명의 신뢰와 지지를 경험한다. 우리가 누군가의 말을 듣고 조심스러운 말투로 대답하거나, 상대의 기분을 헤아리며 대화를 이어 가는 이유도 그 맥락 안에 있다. 타인의 존재를 고려하는 이 능력은 단순한 사회적 규범을 넘어서 인간 사회를 지탱하는 윤리적 기반이 된다.

이런 연결 속에서 신뢰와 공감, 책임감이 생겨나며, 이는 공동체를 건강하게 지탱하는 토대가 된다. 메타인지는 단지 개인의 성찰을 넘어서 관계의 회복과 사회적 조화를 가능하게 하는 핵심 역량이다. 따라서 기술이 아무리 발달하더라도, 공동체를 지속 가능하게 유지하는 힘은 여전히 인간의 내면에서 비롯되는 성찰과 메타인지 능력에 달려 있다. 결국 우리는 스스로에 대해 묻고, 그 해답을 통해 타인과 연결되며, 공동체 속에서 살아가는 존재임을 잊지 않아야 한다.

인간과 AI의 새로운 동행 : 경쟁에서 협력으로

국내 한 금융기관에서는 최근 고객 상담 업무에 AI 챗봇을 도입했다. 반복적인 문의나 단순한 정보 제공은 AI가 신속하고 정확하게 처리하지만, 민감한 상담이나 예상치 못한 문제 상황은 여전히 상담원이 담당한다. 실제로 고객의 목소리 톤, 말의 속도, 표현 방식 등은 대화의 맥락과 감정을 암시하며, 이를 통해 상담원은 고객의 숨은 의도를 파악하고 공감적 태도로 대응한다. 이러한 복합적 소통은 단순한 응답의 정확성보다 더 높은 차원의 인간적 기술을 요구한다.

이 과정에서 AI는 시간과 노력을 줄여 주는 도구로서 기능하고, 사람은 감정과 관계를 조율하는 주체로서 역할을 한다. 이처럼 사람과 기술이 각자의 강점을 살려 서로를 보완하는 구조가 점차 현실로 자리 잡고 있다. 예를 들어 제조업 현장에서는 AI가 공정 데이터를 분석해 이상 징후를 감지하고, 숙련공은 이를 토대로 직관적 판단을 통해 미세 조정을 가하는 식의 협업 구조가 확산되고 있다. 특히 인간은 기계가 해석하기 어려운 상황의 미묘한 변화나 감정의 결을 읽어 내는 데 탁월하다. AI는 수많은 정보를 빠르게 분석할 수 있지만, 인간은 그 정보를 바탕으로 상황을 맥락 속에서 해석하고, 의미를 부여하며, 책임 있는 판단을 내릴 수 있다. 이러한 상호 보완적 협업은 결과의 질뿐 아니라 서비스 경험 자체를 풍부하게 만든다.

이제 많은 조직은 AI를 인간을 대체하는 존재가 아니라, 협업의 동반자로 받아들이고 있다. 반복적이고 정형화된 일은 AI가 담당하고, 인간은 창의성과 관계 조율, 윤리적 판단이 필요한 영역에 집중한다. 이러한 분업은 생산성을 높일 뿐 아니라 인간 고유의 역할을 되살리는 방식으로 기능하고 있다. 또한 AI 시스템은 인간의 피드백을 학습하며 점점 더 정교한 파트너로 발전할 수 있다. 인간은 AI가 놓치는 부분을 보완하고, AI는 인간의 한계를 지원하면서, 양자는 함께 진화하는 공동 주체가 된다.

우리는 더 이상 AI와 경쟁하지 않아도 된다. 중요한 것은 어떻게 협력할 수 있는가이며, 인간과 기술이 각자의 장점을 이해하고 존중하는 방식으로 함께 일할 때, 보다 정교하면서도 따뜻한 사회를 만들어 갈 수 있다. 기술은 계산의 도구일 수 있지만, 그 계산에 의미를 부여하는 것은 결국 인간의 몫이다(Turkle, 2011).

휴먼 인사이트의 미래 : 기술을 넘어 가치를 묻다

한 교육기관에서 실습 중심의 프로젝트 수업을 도입한 이후, 흥미로운 장면이 자주 목격되었다. AI 도구를 능숙하게 다루는 학생들이 결과물의 속도와 완성도 면에서 앞서 있었지만, 실제로 팀워크와 조율, 분위기를 이끄는 데 중심이 된 학생들은 따로 있었다. 그들은 친구들의 생각을 경청하고, 갈등 상황에서 말없이 균형을 맞추며, 과정보다 사람을 우선하는 태도를 보여 주었다. 이러한 능력은 수치로 평가되지 않지만, 팀 전체의 성과에 결정적인 영향을 미쳤고, 결과적으로 공동의 목표를 이끄는 데 핵심적인 역할을 했다.

기술이 빠르게 진화하고 있지만, 그 속도가 인간의 성찰을 대신하지는 못한다. 인간의 성찰은 단순한 반성이 아닌, 자신의 결정이 타인과 사회에 어떤 영향을 미치는지를 고민하는 깊은 사고의 과정이다. 이런 성찰은 결국 사회적 책임으로 이어지며, 개인의 행동이 공동체 안에서 어떤 파급 효과를 가져오는지에 대한 민감한 감수성을 형성하게 한다. 따라서 성찰 없는 기술 활용은 방향 없는 속도에 불과하며, 인간의 내면적 성장이야말로 지속 가능한 기술 사회를 가능하게 하는 밑거름이 된다. AI

는 많은 선택지를 제시하지만, 그 선택에 어떤 가치를 부여하고 어떤 의미를 선택할지는 인간에게 달려 있다. 중요한 질문일수록 우리는 기술에게 묻기보다는 우리 자신에게 물어야 한다. '무엇을 할 수 있는가'보다 '무엇을 해야 하는가'를 고민하는 것이 바로 인간의 몫이며, 그 질문이야말로 휴먼 인사이트의 본질이다(Harari, 2019). 특히 기술이 삶의 다양한 국면에 깊숙이 들어오면서, 인간은 더욱더 윤리적 기준과 철학적 방향을 설정할 필요에 직면하고 있다.

이제 교육은 기술 활용 능력만을 가르치는 것이 아니라, 스스로를 돌아보고 타인과 조율하며, 공동체 속에서 의미를 찾아가는 힘을 길러야 한다. 조직 역시 성과 중심의 구조를 넘어, 사람 중심의 문화와 관계 회복의 구조를 설계해야 한다. 기술이 빠르게 변화하더라도, 인간의 내면이 흔들리지 않도록 하는 힘이 사회의 지속 가능성을 좌우하기 때문이다. 또한 사회는 구성원 각자의 감정, 판단, 책임을 기반으로 유지되며, 이는 단순히 정보 처리 능력이 아닌 인간만의 통합적 사고로부터 나온다.

휴먼 인사이트란 단순한 지식의 축적이 아니라, 감정과 공감, 성찰과 연결을 통해 삶의 방향을 세우는 능력이다. 우리는 기술을 잘 쓰는 법뿐 아니라 그 기술과 함께 어떤 세계를 만들어 갈지를 함께 고민해야 한다. AI 시대에도 인간이 중심에 서야 하는 이유는, 의미를 묻고 가치를 지키려는 그 고유한 내면의 힘 때문이다.

이제 우리는 이 책을 통해 살펴본 여러 가지 인간다움의 가치를 바탕으로 스스로에게 이렇게 묻고 답을 찾아야 한다.

'AI가 모든 것을 대신해 줄 수 있는 시대에, 나는 과연 어떻게 인간으로서 존재 가치를 추구할 것인가?'

참고문헌

유발 하라리(2018). 『21세기를 위한 21가지 제언』. 전병근 옮김. 김영사.

Flavell, J. H.(1979). Metacognition and cognitive monitoring. *American Psychologist.*

Goleman, D.(1995). *Emotional Intelligence.* Bantam.

Turkle, S.(2011). *Alone Together.* Basic Books.

한국생성형AI연구원

(사)한국소프트웨어기술인협회 부설 기관으로, 생성형 인공지능의 빠른 발전과 산업 환경 변화에 대응하기 위해 설립된 비영리 연구 기관이다. 전자신문과의 협력을 통해, 산업 현장의 AI 활용 역량을 높이고 국가 경쟁력 강화에 기여하는 것을 목표로 한다. 연구원은 생성형 AI 교육과 훈련, 프롬프트 디자인 자격 인증, 정책 제언, 신기술 보급, 기업 컨설팅 등 다양한 사업을 수행하고 있다. 특히 프롬프트 디자이너(AIPD), 미디어 콘텐츠 프롬프트 디자이너(MCAIPD) 자격 과정을 운영하며, 관련 교재 발간과 전문 강사 양성에도 힘쓰고 있다. 아주대, 충남대, 대전대, 우송대, 세명대, 영남대 등과 함께 교육을 진행하고, 프롬프트 빅뱅 컨퍼런스, 정책 포럼 등 다양한 행사를 개최했으며, 정부 프로젝트와 K-MOOC 과정 수주 등 실적도 축적해 왔다. 생성형 AI의 확산과 활용을 선도하며, 디지털 시대에 필요한 인재 양성과 지속 가능한 성장에 앞장설 것이다.

노규성

현) 한국소프트웨어기술인협회 회장

현) 한국생성형AI연구원 원장

전) 선문대 경영학과 데이터사이언스 교수

전) 한국생산성본부 회장

이준혁

현) 생성형AI여행연구소 대표

현) 커피&와인페어링연구소(AI앱개발) 대표

전) 검은수염 정보보안팀(온라인해킹) 대표리더

전) 팀 HOE 게임즈(게임개발) 개발 팀장

정사랑

현) 한국생성형AI연구원 AI 전문교수

현) 프롬프트 디자이너 1급

저서) LNCS SCOPUS AI 논문 게재 외
국내외 AI·빅데이터 관련 논문

김우규

현) (주)한국IT마스터즈 대표이사

현) (주)데이타밸류 대표이사

현) 정보관리기술사, 정보시스템 수석감리원

김종찬

현) 한국생성형AI연구원 AI 전문교수

현) 1급 프롬프트 디자이너

현) 경기도 남양주시 공무원

박강민

현) 국민대 비즈니스IT대학원 조교수

현) 기술경영경제학회 이사

전) 소프트웨어정책연구소 선임연구원

KAIST 미래전략대학원 공학박사

안명찬

현) 플러스경영연구원 원장

현) 사)한국기술사업화진흥협회 전문위원

현) 한국생성형AI연구원 AI 전문교수

스마트팩토리운영관리사 1급

이태훈

현) 한국ESG경영연구원(주) 대표이사

현) (사)한국ESG경영개발원 대구경북본부장

현) 한국생성형AI연구원 AI 전문교수

현) ISO42001(인공지능) 심사원

이훈우

현) (주)TCC스틸 재무팀장

현) 한국생성형AI연구원 AI 전문교수

현) 한국소프트웨어기술인협회 전문위원

최상원

현) ㈜콘텐츠경영연구소 실장

현) 한국생성형AI연구원 AI 전문교수

현) 국립금오공과대학교 컨설팅대학원 석사과정

허남식

현) 고려직업전문학교 인공지능 교수

현) 한국생성형AI연구원 AI 교수

현) 한국ESG학회 부회장, 교육위원장

전) 행정안전부(이북5도위원회) 사무국장